KNOSSOS

© ADAM VERLAG, MESOGHEION STR. 275, 152 31 ATHEN
TEL.: (01) 6721801-3, 6470072 TLX: 214223 ADAM GR., FAX: (01) 6725015

KNOSSOS

MYTHOLOGIE - GESCHICHTE
FÜHRER DURCH DIE ARCHÄOLOGISCHE
AUSGRABUNGSSTÄTTE

ANTONIS VASILAKIS
Inspektor der Altertümer

ΕΚΔΟΣΕΙΣ ADAM EDITIONS

Herausgeber: Kostas Adam
Korrektur: Kiki Birtacha
Übersetzung: Eva Skylitsi
Fotos: Jannis Jannelos, Kostas Adam, T.A.P.
Darstellungen: Kostas Iliakis
Lay-out: Thodoris Anagnostopoulos, Thymios Presvytis

INHALTSVERZEICHNIS

ERSTER TEIL

Die Umgebung von Knossos 12
Die Geschichte der Ausgrabungen
Zeittafel 13
Mythen und Überlieferungen um Knossos 18
Historischer Überblick 23

Jüngere Steinzeit 23

Bronzezeit 25

Epoche vor den Palästen 27

Der Alte Palast 27

Der Neue Palast 29

Die minoische Stadt und ihre Nekropolen 32

Der "mykenische" Palast 34

Epoche nach den Palästen 35

Der Stadtstaat Knossos 35

Hellenistisch-römische Zeit 37

Erste byzantinische Epoche 38

Araberherrschaft-zweite byzantinische
Epoche-Venezianische Herrschaft 38
Türkenherrschaft 39

ZWEITER TEIL

Führer durch die Ausgrabungsstätte 43
Der Palast 43
Die Häuser in der Umgebung des Palastes 79
Der Kleine Palast und das
"Unerforschte Haus" 81
Königliche Villa - Karawanserei -
Heilige Quelle 83
Das südliche Königsgrab 83
Die Villa des Dionysos 87
Das Mausoleum auf dem Universitätsgelände 89
Auswahl aus der Bibliographie 92
Verzeichnis der Tafeln 93
Index der Personennamen 93
Index der Ortsnamen 93

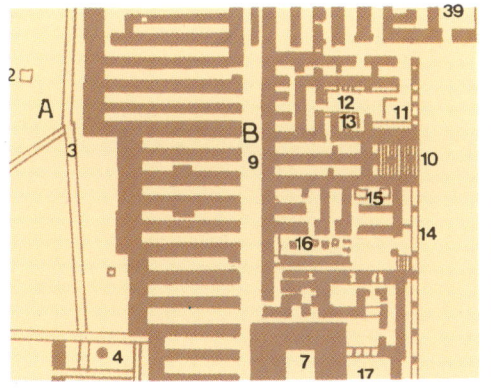

ANLEITUNG ZUR
BENUTZUNG DES FÜHRⱯ

Auf den Karten und Skizzen, die deⱤ
Text begleiten werden folgende
Markierungen verwendet:
Die Buchstaben A bis Z bezeichnen die
funktionalen Einheiten des Palastes und
die wichtigsten Gebäude in seiner
Umgebung.
Die arabischen Zahlen 1 bis 48
bezeichnen die wichtigsten Räume oder
Säle des Palastes und der umliegenden
Gebäude.

Sir Arthur Evans, der den Palast
ausgrub gab den meisten Räumen
ihre Namen. Sie sind allgemein
gebräuchlich, wenn sie auch
nicht immer ihrer
tatsächlichen ehemaligen
Funktion entsprechen. Sie
werden aber hier zwecks
Übereinstimmung mit der
übrigen Literatur und mit
den Hinweisschildern in der
Ausgrabungsstätte
verwendet.

Die Bereiche des Palastes, die
aus Sicherheitsgründen
geschlossen sind, sind nur
Fachwissenschaftlern
zugängig, die sich vorher mit
der Direktion der
archäologischen
Aufsichtsbehörde in Iraklio in Verbindung
setzen müssen.

Die Sperrbereiche in der Umgebung des
Palastes dürfen nur in Begleitung des
zuständigen Wächters betreten werden.

Der Gang durch den Palast und die
umliegenden Gebäude, der hier
vorgeschlagen wird, dauert ungefähr
zwei Stunden. Für die weiter entfernt
liegenden Bereiche benötigt man eine
weitere Stunde und ein
Beförderungsmittel.

EINFÜHRUNG

DIE LANDSCHAFT UM KNOSSOS
GESCHICHTE DER AUSGRABUNGEN
MYTHEN UND ÜBERLIEFERUNGEN

DIE UMGEBUNG VON KNOSSOS

Der niedrige Hügel, auf dem sich die jungsteinzeitliche Siedlung von Knossos entwickelte und wo später der grosse Palast erbaut wurde, wurde nach seinem damaligen Besitzer, einem türkischen Grossgrundbesitzer, "tou Tselebi i Ke-fala", das heisst "der Kopf des Tselebi", genannt. Von diesem Türken kaufte A. Evans den Hügel. In minoischer Zeit war der Hügel der Mittelpunkt der Stadt, die sich auch auf die umliegenden Hügel erstreckte. In nachminoischer Zeit war der Hügel mit den Ruinen des Palastes Teil des Stadtstaates Knossos. Er war damals wahrscheinlich unbesiedelt und vielleicht ein Heiliger Bezirk, der der Muttergottgeit geweiht war.

"Kefali"-Knossos befindet sich im hügeligen Binnenland südlich der Ebenen von Iraklio und von Karterou. Das Gebiet wird von dem Fluss Kairatos und den in ihn mündenden Therron durchflossen. Der Kairatos ist 15 km lang, entspringt in Archanes und mündet in Poros, östlich von Iraklio.

Im Mündungsbereich des Kairatos, das Katsabas und Poros genannt wird, befand sich der Hafen von Knossos.

Östlich des Palasthügels erhebt sich ein schmaler langgezogener, 300m hoher Bergrücken aus Kalkstein mit Namen Profitis Ilias (im örtlichen Dialekt: Ai Lias), mit Ölbaumpflanzungen an seiner Westflanke. An der dem Palst gegenüberliegenden Seite befindet sich eine starke antike Mauer.

Das Kalkgestein des Hügels wurde als Baumaterial für den Palast verwendet. Weiter oben an dieser Seite des Höhenzuges befindet sich die Kirche Agia Pasraskevi, die an der Stelle einer byzantinischen Kirche mit Wandmalereien erbaut ist, die Ch.Buontelmonti im 15. Jahrh. dort noch gesehen hatte.

Nördlich von Kefali befinden sich der niedrige Hügel Tzafer Papoura und der Hügel mit der Venizelio-Universität und südlich von Kefali liegen die Hügel Pano und Kato Gypsades, deren obere Schichten aus kristallinem Gips bestehen, der ebenfalls als Baumaterial für den Palast verwendet wurde. Westlich liegt Monastiriako Kefali

("Akropolis"). Die unteren Lagen dieser Hügel bestehen aus weichem gelblichem Kalkstein, ein für Ölbaum- und Weinkulturen besonders geeigneter Boden.

In den letzten Jahrzehnten hat die Ausbreitung der maschinellen Bearbeitungsmethoden des Bodens die natürliche Umgebung von Knossos erheblich verändert. Der Kairatos führt natürlich nicht das ganze Jahr über Wasser, wie im Altertum. Die landwirtschaftlich genutzten Flächen waren damals kleiner und die Höhen waren mit Eichen- und Zypressenwäldern bedeckt.

Knossos hat typisches Mittelmeerklima. Wie Iraklio hat es im Durchschnitt jährlich 477 mm Niederschlag, vor allem zwischen Oktober und März. Die durchschnittliche Temperatur im Januar beträgt 12 o C und im Juli 26 o C.

GESCHICHTE DER AUSGRABUNGEN

Die ersten archäologischen Forschungen in Knossos, wurden, wenn auch natürlich amateurhaft, im Jahre 1878 von einem Kaufmann aus Iraklio namens Minoas Kalokairinos durchgeführt. Er entdeckte einen Teil der westlichen Vorratsräume. Von den Vorratskrügen (Pithos-Krügen), die er entdeckte, schenkte er je einen den Museen in London, Paris, Rom und Athen, und dem damaligen griechischen Thronfolger, Konstantin, und drei Stück schenkte er der Sammlung des Bildungsvereins von Iraklio. Die übrigen Fundstücke bewahrte er in seinem Haus in Iraklio auf, wo sie während der Revolution von 1898 zerstört wurden. Sie waren von dem Franzosen Haussoulier und dem Deutschen Fabricius veröffentlicht worden.

Die Entdeckung des M. Kalokairinou erweckte das Interesse vieler ehrgeiziger Ausgräber, die versuchten, das Gebiet, auf dem sich der Palast befand, von seinen türkischen Besitzern zu erwerben.

Interessenten waren der amerikanische Konsul W.J. Stillman, der Entdecker von Troia und Mykene W.Schliemann, der 1886 mit seinem Mitarbeiter W. Dörpfeld nach Knossos kam, und der französische Archäologe M. Joubin. Keiner von ihnen

ZEITTAFEL DER KRETISCHEN GESCHICHTE

JUNGSTEINZEIT (5700 -2800 v. Chr.)

BRONZEZEIT (2800 -1100 v. Chr.)
a. Epoche vor den Pälasten (2800 -1900 v. Chr.)
b. Erste Palastepoche (1900-1700 v. Chr.)
c. Zweite Palastepoche (1700-1400 v. Chr.)
d. Epoche nach den Pälasten (1400-1100 v. Chr.)

EISENZEIT (1100-67 v.Chr.)
a. Spätminoische und frühgeometrische Epoche (1100 -900 v. Chr.)
b. Geometrische Epoche (900-750 v. Chr.)
c. Früharchäische Epoche (750-650 v. Chr.)
d. Hocharchäische Epoche (650-500 v. Chr.)
e. Klassische Epoche (500-323 v. Chr.)
f. Hellenistische Epoche (323 - 67 v. Chr.)

HELLENISTISCH-RÖMISCHE EPOCHE (67v. Chr. - 323 n. Chr.)

ERSTE BYZANTINISCHE EPOCHE (323 - 824 n. Chr.)

ARABISCHE HERRSCHAFT - ZWEITE BYZANTINISCHE EPOCHE - VENEZIANISCHE HERRSCHAFT (826 - 1669 n. Chr)

TÜRKENHERRSCHAFT (1669 - 1898 n. Chr.)

Anmerkung: Für die BRONZEZEIT wird auch eine anderes chronologisches System verwendet, vor allem bei der Chronologie der Keramik. Danach gibt es drei Hauptepochen, von denen jede in drei Unterepochen unterteilt ist: Frühminoische I-III, mittelminoische I-III, spätminoische I-III.

**Sir Arthur Evans, der Ausgräber
von Knossos**

war bei den Verhandlungen mit den Besitzern erfolgreich.

Der englische Archäologe A.J. Evans hatte mehr Glück. Er erwarb das Gebiet und begann im Jahre 1900 nach der Befreiung Kretas von den Türken mit den Ausgrabungen. Mit Bewilligung der Regierung und mit eigenen Mitteln grub er innerhalb von drei Jahren (1900-1902) den grössten Teil des Palastes aus.

In den folgenden Jahren wurden im Palast ergänzende Grabungen durchgeführt und die Häuser um den Palast sowie die ausgedehnten Nekropolen des minoischen Knossos ausgegraben.

Nach einer Unterbrechung während der Jahre 1912-1922 wurden die Ausgrabungen bis 1931, als das südliche Königsgrab ausgegraben wurde, fortgeführt. Ausser den grossen Ausgrabungen bewerkstelligte Evans mit viel Mut, Wissen und Phantasie das ehrgeizige und für ein prähistorisches Baudenkmal einzigartige Unterfangen, den Palast teilweise wiederaufzubauen.

Wenn er auch von vielen der Übertreibung beschuldigt wurde -vielleicht nicht ganz zu unrecht - war sein Wiederaufbau doch viele Jahrzehnte lang wertvoll und nützlich. Wir dürfen dabei nicht ausser acht lassen, dass jenes Werk vor 80 Jahren vollbracht wurde und dass heute betreffend den Wiederaufbau von Altertümern andere Auffassungen gelten.

A. Evans hatte als Mitarbeiter viele bedeutende Archäologen: **D. Mackenzie, D. Hogarth, A. Wace, E. Forsdyke** und später **J. Pendlebury, H. Payne** und **R.Hutchinson.** Auch die Architekten **Th. Fyfe, Chr. Doll, F. Newton** und **Piet de Jong,** sowie die Maler Vater und Sohn **Gillieron** waren seine engen Mitarbeiter. Den letzteren verdanken wir die wunderbaren Abbildungen des Palastes und der Wandmalereien.

In den Jahren 1921-1935 veröffentlichte A. Evans die Ergebnisse seinerAusgrabungen in dem Monumentalwerk "THE PALACE OF MINOS AT KNOSSOS" in sechs Bänden, das die Bibel der minoischen Archäologie ist. Er veröffentlichte noch Dutzende anderer Bücher und Aufsätze über das minoische Kreta.

Geehrt und berühmt wie nur wenige Gelehrte zu Lebzeiten, starb er in hohem Alter im Jahre 1941.

Nach dem Zweiten Weltkrieg wurden die Forschungen im Palast von Knossos und seiner Umgebung von anderen britischen Archäologen unter der Leitung von S. Hood fortgesetzt. **S. Hood** ist heute der bedeutendste lebende Experte für die minoische Kultur. Hood führte ergänzende Ausgrabungen in und um den Palast durch, um viele ungelöste Fragen der archäologischen Erforschung von Knossos zu klären. Er verfasste drei allgemeine Werke über die minoische Kultur (siehe Bibliographie), bewerkstelligte die genaue Erfassung der Ruinen des Palastes und beaufsichtigte die Erstellung der archäologischen Topogra-

phie des Gebietes von Knossos.

Zusammen mit S. Hood und in seiner Nachfolge arbeiteten in Knossos viele bedeutende Archäologen: **J. Evans** erforschte systematisch die neusteinzeitlichen Schichten im West- und im Mittelhof des Palastes. **N. Coldstream** grub das Heilgtum der Demeter auf dem Gypsades-Hügel aus, und M. Gough die Villa des Dionysos. **M. Popham** und **H. Sackett** gruben das "Unerforschte Haus" neben dem Kleinen Palast aus. **Peter Warren** grub an der Königsstrasse und südlich der Villa Ariadne. Vor kurzem begann **C. Macdonald** Grabungen westlich des Palastes.

Die Ausgrabungen in Knossos haben, wie alle archäologischen Ausgrabungen, auch ihre wenig prominenten Hauptbeteiligten. Hier seien in zeitlicher Reihenfolge folgende unvergessene Handwerker und Aufseher angeführt: Manolis Akoumianakis, Manolis Markogiannakis, Spyros A.Vasilakis, Antonis Zidianakis und der Konservator Petros Petrakis. Es sei mir gestattet dieses Buch ihrem Gedächtnis zu widmen.

A. Evans verwendete zuerst als sein "Hauptquartier " das Haus eines türkischen Bey südöstlich des Palastes. Später baute er die Villa Ariadne, die von ihm und dem britischen archäologischen Institut bis zum Jahre 1952 benutzt und dann dem griechischen Staat übereignet wurde.

Seit damals ist das britische Archäologische Institut in den "Taverna" genannten Gebäuden der Villa Ariadne untergebracht. Die Fundstücke aus den alten und neuen Ausgrabungen sind im Stromatographischen Museum untergebracht, das im Jahre 1964 südlich der Villa Ariadne errichtet wurde.

Während der ersten Jahrzehnte nach dem Krieg wurden von **Nikolaos Platon** und **Stylianos Alexiou** viele Abstützungs- und Renovierungsarbeiten sowie ergänzende Grabungen durchgeführt. Im Jahre 1976 wurde durch einen Präsidialerlass die Bautätigkeit ausserhalb der bestehenden

Siedlungen untersagt und zum Schutz des in der Welt einzigartigen archäologischen Gebietes von Knossos eine breite Zone bestimmt, innerhalb derer nicht gebaut werden darf.

Während der letzten zehn Jahre wurden von Archäologen der Aufsichtsbehörde für Altertümer in Iraklio bei Bauarbeiten auf Grundstücken und in der nördlichen Nekropole Rettungsarbeiten durchgeführt, bei denen etliche Gräber aus den Jahren 1100 v. Chr. bis 400 n. Chr. entdeckt wurden.

In den achtziger Jahren begannen die Planungen von Arbeiten zur Sicherung des Palastes. Der Palast ist besonders wegen der vielen Besucher starker Belastung ausgesetzt. Diese Arbeiten sollen in kürze beginnen.

Theseus und der Minotaurus. Darstellung auf einem rotfigurigen Gefäss.

Europa mit Zeus in Gestalt eines Stieres, Darstellung auf einem rotfiguren Gefäss

Theseus und Ariadne, Darstellung auf einem Gefäss aus Arkades

MYTHEN UND ÜBERLIEFERUNGEN UM KNOSSOS

Viele der griechischen Mythen haben als ihren Schauplatz Kreta und als ihren wichtigsten Helden **Minoas,** den König von Knossos. Er war ein Sohn des **Zeus** und der phönizischen Nymphe **Europa.** Der Überlieferung nach wurden er und seine Brüder, **Rhadamanthys** und **Sarpidonas,** in Kreta, im Gebiet von Gortyn, geboren. Als Zeus die Nymphe verlassen hatte, vermählte sich diese mit **Asterios,** dem König von Kreta, der ihre Söhne adoptierte. Minoas folgte Asterios auf dem Thron

von Kreta. Er vermählte sich mit **Pasiphae,** der Tochter des Helios und der Nymphe Kreta. Aus dieser Ehe stammten vier Söhne und vier Töchter, Katreas, Xenodike, Ariadne, Androgeos, Glaukos, Deukalion, Phädra und Akalle (oder Akakkalis). Im Palast von Knossos spielten sich dramatische Begebenheiten ab. Minoas weihte Poseidon einen Altar und als alles zum Opfer bereit war, verlangte er von Poseidon, dass ein Stier dem Meer entsteige. Minoas war so begeistert von der Schönheit des weissen Stiers, der aus den Fluten auftauchte, dass er sein Wort brach und einen anderen Stier an seiner Stelle opferte. Um sich zu rächen liess Poseidon Pasiphae in Liebe zu dem weissen Stier entbrennen. Sie gestand ihre Liebe **Dädalos,** dem berühmten Athener Baumeister, und dieser schuf für sie das hölzerne Abbild einer Kuh, das er mit einer echten Kuhhaut umhüllte. Darin verbarg sich die Königin und verband sich so mit dem göttlichen Stier. Aus dieser Verbindung entstammte der **Minotauros,** ein Mensch mit einem Stierhaupt, der auch Asterios genannt wurde. Sie schlossen ihn in einem verwinkelten Gebäude ein, im Labyrinth, das Dädalos erbaute.

Einer der Söhne des Minoas, Androgeos, wurde in Athen ermordet, nachdem er bei Wettkämpfen gesiegt hatte, und wegen dieses Mordes verpflichtete Minoas die Athener zu einem jährlichen Tribut an Jünglingen und Jungfrauen, die dem Minotauros zum Frass vorgeworfen wurden. Auf diese Weise tritt der Athener Held **Theseus,** der einer Überlieferung nach ein Sohn des Zeus war, in den Mythos um Minoas ein.

Theseus bot sich an, zusammen mit den Athener Jünglingen und Jungfrauen nach Kreta zu fahren. Dort verliebte sich **Ariadne** in ihn, zusammen mit Dädalos half sie ihm, ins Labyrinth zu gelangen und den Minotaurous zu töten, so dass auf diese Weise die Tributpflicht beendet wurde. Theseus floh aus Kreta zusammen mit seinen Gefährten und mit Ariadne, aber auf Geheiss des Dionysos verliess er sie in Naxos. Der Verbindung von Ariadne und Dio-

Der Minotaurus auf einer Silbermünze

nysos entstammten Staphylos, Thoas und Oinopion. Hübsch und interessant ist auch die Geschichte des Prinzen **Glaukos.**

Der Seher **Polyidos** aus Argos lehrte Glaukos die Hellseherkunst. Während er im Palst spielte, fiel er in ein Fass voll Honig und erstickte darin. Minoas verlangte von Polyidos, dass er ihn wiedererwecke und schloss sie zusammen in einem Keller ein. Polyidos konnte ihn mit Hilfe eines Krautes, das von einer Schlange herbeigebracht wurde, wiedererwecken Danach lehrte er Glaukos die Seherkunst. Als er aber zum Hafen ging, um sich in seine Heimat, nach Argos, einzuschiffen, verlangte er von Glaukos, er solle in seinen Mund spucken, und damit verlor Glaukos seine seherischen Fähigkeiten.

Der Kreis des Mythos schliesst sich mit der dramatischen Flucht des Dädalos und seines Sohnes Ikarus mit Hilfe von Flügeln, die Dädalos konstruiert hatte. Sein Sohn Ikaros fiel ins Meer, das nach ihm das Ikarische heisst, und ertrank, während Dädalos Sizilien erreichte, wo ihn König Minoas weiterhin verfolgte. Aber mit der Hilfe einer sizilianischen Prinzessin und des Königs Kokalos konnte er fliehen und mit einer seiner Erfindungen König Minoas töten. Die Gefolgsleute des Minoas begruben ihren König in Sizilien mit allen Ehren. Zu seinem Gedenken wurde dort die Stadt Minoa gegründet. Nach ihrem Tod wurden Minoas und sein Bruder Rhadamanthys vergöttlicht. Sie wurden zusammen mit Aiakos, dem Grossvater des Achill, im Hades die göttlichen Richter und die Beurteiler der Seelen.

Wie auch alle anderen Mythen, sind auch die Mythen um Knossos zwar nicht wirklich Geschichte, aber sie enthalten historische Tatsachen.

Ihre Kenntnis ist bei der Erforschung und dem Verständnis vieler Aspekte der minoischen Kultur von grossem Wert.

So ist Ariadne, die Heldin aus Knossos, die auf der Insel Dia (Naxos) stirbt, die Menschwerdung der mädchenhaften Göttin des Wachstums, die im Kreislauf der Jahreszeiten stirbt und wiederaufersteht.

Das Labyrinth des Mythos gleicht dem Palast von Knossos in seiner Kompliziertheit. In der Persönlichkeit des Dädalos sind die technologische Entwicklung und der Fortschritt der Minoer symbolisiert.

Die Erzählung von den Athener Jünglingen und Jungfrauen, die dem Minotauros zum Frasse vorgeworfen wurden sind eine Anspielung auf die berühmten "tavrokathapsia" (Stierspringen), wobei es sich wahrscheinlich um religiöse Kampfspiele mit Stieren, handelte, an denen Männer und Frauen teilnahmen; der Mythos von Theseus ist auch Ausdruck des Einflusses von Knossos in Südgriechenland, und bis nach Athen.

Europa, die unserem Kontinent ihren Namen gab, war die Mutter des göttlichen Minoas, von dem die älteste europäische Hochkultur ihren Namen erhielt. " Minoas" war vielleicht der Titel der Könige von Knossos, entsprechend dem "Pharao" in Ägypten. Vielleicht gab es also auch einen oder mehrere Könige mit diesem Namen. Das wichtigste dabei ist, dass die alten Griechen in Minoas den starken Herrscher, den inspirierten Gesetzgeber, den gerechten Richter, und während der Hochblüte der minoischen Kultur den Herrscher über den grössten Teil der griechischen Welt, des südlichen Griechenlands, des mittleren Ostgriechenlands und der Ägeis sahen.

HISTORISCHE ENTWICKLUNG

VON DER JÜNGEREN STEINZEIT
BIS INS 20. JAHRHUNDERT

HISTORISCHER ÜBERBLICK

Knossos auf Kreta war eine der ältesten Städte in der Ägäis und in Europa. Die ausgedehnten Ruinenfelder, die sich in einer Entfernung von 5 km von der heutigen Hauptstadt Kretas befinden, besuchen täglich tausende Besucher aus der ganzen Welt. Sie kommen um die Überreste jener glänzenden und hochentwickelten uralten griechischen Kultur zu sehen und zu bewundern. Die Stelle ist seit ungefähr 8000 Jahren, von 6000 v. Chr. bis zum heutigen Tage, besiedelt. Den langen Weg des Menschen an dieser privilegierten, auserwählten Stelle, wollen wir in einem kurzen Abriss verfolgen.

JÜNGERE STEINZEIT
5700 - 2800 v. Chr.
Der niedrige Hügel von Knossos wurde zum ersten Mal kurz nach 6000 v. Chr. besiedelt. In einem Zeitraum von dreitau-

send Jahren entstand hier die grösste jungsteinzeitliche Siedlung Kretas und des ägäischen Raumes.

Die jungsteinzeitlichen Schichten wurden systematisch und vollständig erforscht, so dass wir reichlich Informationen über das Leben dieser unserer prähistorischen Vorfahren haben. Innerhalb kurzer Zeit entwickelten die Bewohner des jungsteinzeitlichen Knossos, die dort nach der letzen Eiszeit sehr günstige klimatische Bedingungen vorfanden, eine gemischte Ackerbau-und Viehzuchtkultur und eine bedeutende handwerkliche Produktion. Die Tongefässe wurden bald mit erstaunlicher Kunst gefertigt. Die Fertigung steinerner Werkzeuge hatte einen hohen technologischen Stand erreicht, und ausser Stein wurden auch Knochen und Horn für die Erzeugung von Werkzeugen verwendet. Von grossem Interesse sind auch die steinernen und tönernen Idole in Frauen- und Männergestalt. Die Häuser jener Zeit be-

Trinkbecher aus Steatit in Form eines Stierkopfes

Aufsicht jungsteinzeitlicher Gebäude

**Jungsteinzeitliches Gefäss mit
eingeritztem Ornament**

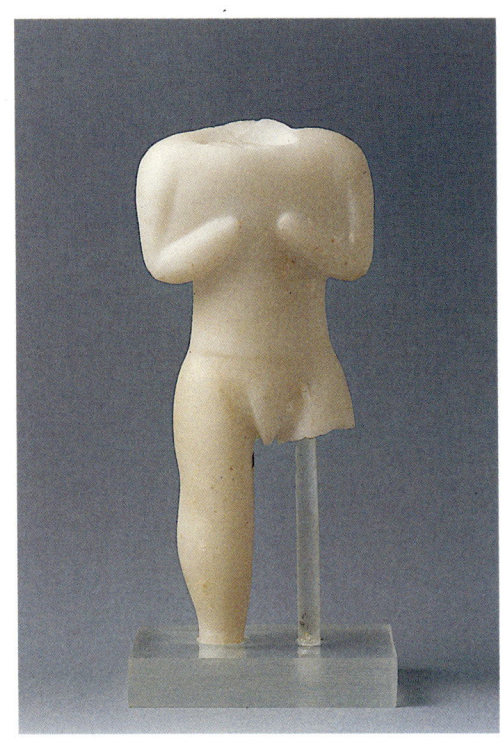

Jungsteinzeitliches Idol aus Marmor

**Jungsteinzeitliche
Äxte**

24

Die runden gemauerten Gruben des Westhofes

standen aus einem grösseren Mittelraum, um den herum kleinere Räume angeordnet waren. Sie waren aus luftgetrockneten Lehmziegeln erbaut. Um das Jahr 3000 hatte die jungsteinzeitliche Siedlung ungefähr das Ausmass des späteren Palastes. Die jungsteinzeitlichen Schichten von Knossos sind nur teilweise erhalten. Unter dem Mittelhof des Palastes wurden Schichten der Mittleren Steinzeit entdeckt. Dies ist auf die umfangreichen Umgestaltungs- und Planierungsarbeiten in den jungsteinzeitlichen Schichten zurückzuführen, die im Verlauf der Errichtung des ersten Palastes durchgeführt wurden.

Die jungsteinzeitliche Periode in Knossos, und in Kreta im allgemeinen stellt eine relativ fortschrittliche Zivilisationsstufe dar, in der aber die Metalle noch unbekannt waren. Die Kenntnis und der Gebrauch der Metalle, vor allem des Kupfers, ist das Zeichen für den Übergang in die nächste Kulturepoche.

BRONZEZEIT
(2800 bis 1100 v. Chr.)

Die ca 2000-jährige Bronzezeit, war die erste Zeit der Hochblüte der kretischen und überhaupt der griechischen Kultur. In jenen beiden Jahrtausenden entwickelte sich im ägäischen Raum die erste Hochkultur, die minoische Kultur, zu einem Höhpunkt, zu einem Wunder der Zivilisation. Die Entwicklung dieser glänzenden Kultur verfolgen wir in vier chronologischen Ab-

25

Gefäss mit pflanzlichen Verzierungen

schnitten, die durch historische Ereignisse, die Erbauung, die Zerstörung, den Wiederaufbau und die endgültige Zerstörung der Paläste, bestimmt werden.

Nach der Einteilung N.Platons, eines Experten für die minoische Kultur, sind die Perioden der minoischen Kultur die folgenden (die Einteilung in Klammern ist die von Evans): Epoche vor den Palastbauten 2800 - 1900 v. Chr. (Frühminoische I, Frühminoische II, Frühminoische III, Mittelminoische IA) Epoche der alten Paläste 1900 - 1700 v. Chr. (Mittelminoische IB, Mittelminoische II)

Epoche der neuen Paläste 1700 - 1400 v. Chr. (Mittelminoische III, Spätminoische I, Spätminoische II) Epoche nach den Palastbauten 1400 - 1100 v. Chr. (Spätminoische III)

Epoche vor den Palastbauten

Für den Besucher von Knossos sind die Ruinen der Siedlung, die sich hier befand bevor der grosse Palast erbaut wurde, nicht sichtbar, da jene Siedlung für den Bau des grossen Palastes eingeebnet wurde. Es ist aber von den Ausgrabungen bekannt, dass sich an der Stelle eine grosse Siedlung befand, von der Häuser nördlich und südlich des Königsweges entdeckt wurden. A. Evans und S. Hood entdeckten im Westhof und unter den westlichen Vorratsräumen des Palastes Teile eines grossen Gebäudes aus den letzten Jahren vor den Palastbauten.

Die Erforschung der Siedlung vor den Palastbauten ist wegen der späteren Bauschichten sehr schwierig.

Der Alte Palast

Die Erbauung des Palastes von Knossos, wie auch der Paläste an anderen Orten in Kreta, war ein bedeutendes historisches, politisches, wirtschafiches und gesellschaftliches Ereignis und war das natürliche Ergebnis und die Weiterführung der

27

zivilisatorischen Blüte der unmittelbar vorangehenden Epoche. Die Paläste waren die Zentren aller Unternehmungen des Staates und des Lebens der Städte. In ihnen wurden, unter dem Schutz der Gottheit, die Produkte von Landwirtschaft und Viehzucht aufbewahrt, die vom Palast gehandelt wurden. Innerhalb des Palastes befanden sich in abgetrennten Sektionen die Werkstätten, in denen die herrlichen Keramikgefässe, die Produkte der Steinschneider der Elfenbeinschnitzer und der Goldschmiede hergestellt wurden. Im Palast wohnte nicht nur die königliche Familie, sondern auch eine zahlreiche .Hierarchie von Verwaltungsbeamten und Priestern. Nur wenige Bauteile des Alten Palastes sind erhalten, denn an seiner Stelle wurde später der Neue Palast erbaut. Vielleicht waren seine Ausmasse und sein Grundriss mit den beiden grossen Höfen die gleichen wie die des Neuen Palastes. Heute ist man der Auffassung, dass er ein einheitliches Gefüge von Gebäuden war. Im Gegensatz dazu vertrat A. Evans die Theorie dass er ursprünglich aus einzelnen "Inseln", d.h. selbstständigen grossen Gebäuden gebildet wurde, die nach und nach miteinander verbunden wurden. Im allgemeinen kann man heute mit ziemlicher Sicherheit sagen, dass sich seine Vorratsräume, wie die des Neuen Palastes, auf der Westseite befanden, während sich die Werkstätten und die königlichen Vorratsräume, in denen riesige Pithos-Krüge (Vorratsgefässe) gefunden wurden, im nordöstlichen Teil befanden. Auch die Heiligtümer befanden sich im Westteil, wo sich auch die Heiligtümer des Neuen Palastes befanden.

Der Palast war von Mauern aus Bruchsteinen umgeben, und an der Westseite lag ein eingefriedeter Platz. Im Westhof befanden sich gemauerte runde Depots, die sogenannten "Kouloures" (= runde Kuchen), die als Abfallgruben oder für die Sammlung von Abwasser verwendet wurden. Diese Gruben wurden beim Bau des Neuen Palastes abgedeckt.

Gefäss im "Kamara-Stil"

Von der Stadt der Epoche des Alten Palastes ist nur wenig bekannt, es ist aber sicher, dass sie eine grosse Ausdehnung hatte. Die Königsstrasse und vielleicht auch die Höfe wurden in dieser Zeit gepflastert. Das grosse Viadukt südlich des Palastes stammt ebenfalls aus dieser Zeit. Die Nekropolen der Stadt befanden sich an den Abhängen des Ai Lia. Es waren Höhlengräber mit vielen Urnenbestattungen. Wir haben über das Knossos jener Zeit nicht viele Informationen, aber es steht fest, dass es schon damals die Hauptstadt Kretas war, und dass es Verbindung mit Archanes, Lykastos und Phästos und auch mit Zentren in der Ägäis, im Orient und in Ägypten hatte.

Der Neue Palast

Der alte Palast wurde gegen 1700 v. Chr. völlig zerstört, nachdem er schon vorher zweimal Zerstörungen geringeren Ausmasses erlitten hatte. Die Probleme im Zusammenhang mit den Katastrophen und deren Ursachen sind vielfältig. Gewöhnlich werden sie natürlichen Ursachen, wie Erdbeben oder Bränden, zugeschrieben.

Der Neue Palast wurde neu geplant, nachdem die Spitze des Hügels nochmals planiert worden war und hatte seine Fundamente in der neuentstandenen Aufschüttung. Ausserdem wurde an der Ostflanke des Hügels ein tiefer Einschnitt geschaffen, und auf dieser so entstandenen um 8 m tieferen Ebene wurde das königliche Megaron des Ostflügels erbaut. Der Neue Palast hatte eine Gesamtausdehnung von 22 000 m2. Auch der Neue Palast wurde dreimal teilweise zerstört. Der grösste Teil der heute sichtbaren Ruinen gehört der zweiten Bauphase des Neuen Palastes an (1600-1500 v. Chr.). In den folgenden Jahrzehnten wurden an einzelnen Teilen des Palastes zahlreiche, wenn auch nicht eingreifende Umbauten vorgenommen. Wir werden in den folgenden Kapiteln auf sie zurückkommen. Hier soll nur versucht werden, einen allgemeinen Eindruck vom Zustand des Palastes etwa um 1500 v. Chr. und seinen charakteristischen Elementen zu geben.

Man konnte den Palast von Knossos durch fünf Eingänge betreten, im Norden, im Süden, im Südwesten, im Nordwesten und im Osten. Die vier ersteren waren die repräsentativeren Eingänge mit Propyläen und breiten Toren. Im Westen des Palastes erstreckte sich der gepflasterte Westhof. Prozessionswege durchquerten ihn und zwei gemauerte Altäre befanden sich dort. Die Südwestecke des Hofes wurde vom Westeingang, der eine Vorhalle mit Säulen hatte, eingenommen, von dem aus ein breiter Π-förmiger Prozessionsgang vom Süden her an der Stelle, wo sich die Wandzeichnung mit dem Priesterprinzen (heute sieht man eine Reproduktion) befindet, in den Mittelhof führte. Ein weiterer monumentaler Zugang befand sich an der Südseite (grosse Propyläen).

Bei ihm endete der gestufte Säulengang, der über ein Viadukt von der Karawanserei im Süden des Palastes hierherführte. Von den grossen Propyläen führt eine Monumentaltreppe ins Obergeschoss des Westflügels (piano nobile). In diesem Flügel befanden sich im Obergeschoss grosse Zeremoniensäle und im Erdgeschoss Vorratsräume, Heiligtümer, Schatzkammern und der Thronsaal.

Im nördlichen Teil des Palastes befanden sich Vorratsräume, ein Bassin für Reinigungsbäder (wiederaufgebaut) und das "Zollhaus". Ein schräg abwärts führender Gang führte vom Zollhaus in den Mittelhof.

Er hatte an beiden Seiten grosse Altane, von denen der eine, der mit dem Relief eines Stieres geschmückt war, wiederaufgebaut wurde.

Vor der Norwestecke des Palastes befand sich das aus Bruchsteinen erbaute Theater, in dessen Innerem die Königsstrasse endete, die die Stadt vom Nordwesten her durchschnitt.

Im Ostflügel befanden sich die "königlichen Wohngemächer" nördlich an diese schlossen sich die Bereiche mit den Werkstätten an und südlich von ihnen lag ein Heiligtum. Vor der Südostecke wurden

ausserhalb des Palastes einige Häuser ausgegraben.

Die minoische Stadt und ihre Nekropolen

Die Stadt Knossos erlebte während der Epoche des Neuen Palastes ihre höchste Blüte. Rings um den Palast, besonders im Westen und Norden, aber auch an den unteren Abhängen der Akropolis und des Gypsades-Hügels, erstreckte sich die Stadt mit den grossen Häusern der Priesterschaft, der Beamten und der Bürger. Alle waren wohlgebaut, reich ausgestattet, und mit wunderbaren Wandmalereien geschmückt.

A. Evans schätzte die Ausdehnung der Stadt auf 125 km2 und die Bevölkerungszahl auf 80-100.000 (das ist wahrscheinlich übertrieben). Eine andere Schätzung von S. Hood nimmt für die Stadt Knossos eine Ausdehnung von 750.000 m2 an, und als Bevölkerungszahl 15-20.000. Diese Schätzung dürfte näher an der Wahrheit herankommen. Teil dieser grossen Stadt war auch der Hafen, der sich an der Stelle der heutigen östlichen Viertel Iraklions, im Bereich Poros-Katsaba, befand. Der Hafen befand sich an der Trypiti genannten Stelle (die Gegend ist heute verändert, denn dort wurden der neue Hafen und die Uferstrasse angelegt). In der Ebene im Mündungsbereich des Kairatos befanden sich im minoischen Knossos die Häuser der reichen Händler und der Seeleute. An den Flanken der Hügel fand man ihre Gräber. Sie enthielten reiche Grabbeigaben. Während der letzten Jahre wurden in Häusern und in Gräbern interessante Funde gemacht.

Die **Nekropolen** von Knossos befanden sich an allen Seiten an den Abhängen der Hügel bis zu der Siedlung Agios Ioannis hin, zweieinhalb Kilometer nördlich des Palastes. Die meisten Gräber sind in den Stein gehauene Kammergräber, es gab aber auch monumentalere, gemauerte Gräber, wie das südliche Königsgrab am Gypsades-Hügel, das Königsgrab bei Isopata (es wurde während der Zeit der deutschen Besatzung zerstört) und die Kuppel-

**Pithos-Krüge aus der Zeit der
Neubesetzung, südliche Propyläen**

gräber in Kefala und am Gypsades- Hügel.
Über das Strassennetz der Stadt wissen
wir nur an wenigen Stellen Bescheid. Aus-
gegraben wurden der Königsweg, der in
nordwestliche Richtung führte und ein
Teil seiner Fortsetzung im Bereich west-
lich des Stromatographischen Museums.
Im Gegensatz zu anderen minoischen
Siedlungen, wurde in Knossos kein ganzes
Stadtviertel ausgegraben, so dass man die
Anlage der Stadt nicht erkennen kann.
Von grossem Interesse sind die Wasserlei-
tungen und das Kanalisationssystem von
Knossos. Die Wasserleitung brachte über
Rohrleitungen das Wasser von sehr weit
her (aus den Gebieten Kounavi und Archanes) und teilte sich im Palast und in der
Stadt in Nebenleitungen auf. Teile dieser
Leitungen wurden ausgegraben. Zwei gemauerte Leitungen für Abwasser und zur
Sammlung von Regenwasser waren quer
durch den Palast verlegt und führten Abwasser und Regenwasser nach draussen.
Der Palast und die Stadt erlebten während
jener Epoche ihre höchste Blüte. Die Einwohner von Knossos, wie auch alle anderen Minoer, lebten glücklich auf ihrer
gesegneten Erde. Sie beteten die Mutter-
gottheit in ihren Heiligtümern und im
Freien an. Karren und Tragtiere beförder-
ten Waren zum Palast und zum Hafen.

33

des Lebens im Palast von Knossos (die Spätminoische Periode II von A. Evans) stützen sich weiterhin hauptsächlich auf archäologische Quellen (Keramik und Architektur), aber auch auf Tafeln mit Linearschrift B, die im Palast gefunden wurden. Das wichtigste gesicherte Forschungsergebnis ist, dass in Knossos, das in jenen Jahren auch das einzige Palastzentrum auf Kreta war, ein mykenischer "Anax" seinen Sitz hatte. Unter welchen Bedingnungen sich der Herrschaftswechsel vollzogen hatte, ist unbekannt. Man hat kriegerische Eroberung, friedliche Übernahme durch eine Heirat oder den Staatstreich eines mykenischen Generals der minoischen Flotte vermutet. Tatsache ist jedenfalls, dass die Mykener das Machtvakuum, das der Katstrophe folgte, nutzten, und sich in Knossos etablierten.

Im Palast wurden Umbauten vorgenommen. Der Thronsaal wurde mit dem alten Bau verbunden und mit Wandmalereien in mykenischer Manier geschmückt. Bei der Keramik tritt der mykenische Einfluss stärker hervor (Palaststil). Die gesprochene Sprache, die in minoischer Schrift aufgezeichnet wird, ist ein mykenischer Dialekt, die erste bekannte Gestalt der griechischen Sprache. Der Geist ist im allgemeinen militaristisch, in offensichtlichem Gegensatz zu der friedlichen minoischen Einstellung. Bestattungen von Kriegern (Gebiet der Universität) wurden ausgegraben.

Der "Anax" von Knossos herrschte über ganz Kreta. Aus den Tontafeln sind die Namen der Städte bekannt, die von Knossos aus regiert wurden: Amnisos und Tylisos, Phästos und Inatos, Lyktos, Lato, Sitia und Itanos, Syvrita, Kydonia und Eptera. Sie betreiben Viehzucht und schicken die Wolle in den Palast. Der Handel ist wieder Vorrecht des Herrschers, wie auch in minoischer Zeit. Die Beziehungen mit Ägypten und der übrigen Welt sind eng.

Das Leben in Knossos blieb hauptsächlich minoisch. Die Mykener begnügten sich mit der Vorherrschaft. Auch die Religion blieb minoisch, wenn auch ausserdem neue Gottheiten eingeführt werden.

Gefäss mit Darstellungen von Meerestieren

Ihre Schiffe durchfuhren die Meere, auf denen sie die Vorherrschaft hatten, und brachten die Produkte Kretas in alle bekannten Länder, aus denen sie wieder Rohmaterialien zurückbrachten.

Der "mykenische" Palast

Das glückliche Leben im Palast und in der Stadt kam durch ein Naturereignis, wie wir es schon aus der Vergangenheit kennen, zu einem jähen Ende. Nach der vorherrschenden Meinung wurden gegen 1450 v. Chr. alle Paläste Kretas durch ein Erdbeben und Brände zerstört. Der Palast war nach einigen Reparaturen und Umbauten noch ca 50-70 Jahre lang, bis etwa 1400/1380 v. Chr., bewohnt.

Unsere Kenntnisse über diese letzte Phase

Epoche nach den Palästen

Die neue Katastrophe ereignete sich gegen 1400/1380.

Einige Wissenschaftler setzen sie auch an das Ende des 14. bzw. den Beginn des 13. Jahrhunderts v. Chr. (kurz vor oder nach 1300 v. Chr.) Die Gründe für die Katastrophe sind nicht völlig geklärt. Das Feuer, das den Palast vernichtete, kann, wie manche meinen, zufällig entstanden sein, andere wieder sind der Ansicht, es habe sich um einen Aufstand unterdrückter Minoer gehandelt oder sogar um eine Revolte der Mykener von Knossos gegen die Mykener des griechischen Festlandes, die die endgültige Entmachtung des damals noch mächtigen mykenischen Knossos zur Folge hatte.

Was immer sich auch tatsächlich ereignet haben mag, die meisten Wissenschaftler stimmen darin überein, dass es den Palast von Knossos nach dieser Katastrophe nicht mehr gab, wenigstens nicht in der Gestalt, wie wir ihn kennen. Es folgte eine Zeit der "Besetzung" des Palastes durch Leute aus dem Volk, die in verschiedenen Teilen Umbauten vornahmen. Die südlichen Propyläen wurden als Lagerräume verwendet und im Megaron der Königin wurde eine Töpferei eingerichtet. In den homerischen Epen, die gewöhnlich als eine gültige Informationsquelle für die spätere minoische und die mykenische Zeit angesehen werden, wird Idomeneas als König von Knossos und ganz Kreta genannt. Wo der Sitz des Idomeneas war, wissen wir nicht. Wenn wir annehmen, dass es das mykenische Knossos war, muss man auch annehmen, dass der dortige Palast bis in die zweite Hälfte des 13. Jahrhunderts existierte.

Der strahlende Palast von Knossos wurde nach 6 Jahrhunderten der Blüte zu einer öden Ruine. Nur die Gespenster vergangenen Ruhmes blieben zurück, um auf den Ruinen der Treppen, der Korridore, der Säle und der Heiligtümer herumirrend das Schicksal zu beklagen.

Die monumentalen, labyrinthischen Ruinen des Palastes waren vielleicht die Ursache zur Bildung des Mythos vom Labyrinth.

DER STADTSTAAT KNOSSOS
Frühe Eisenzeit.

Auf das Knossos der Bronzezeit folgte an der gleichen Stelle der Stadtstaat Knossos, der eine Lebensdauer von etwa 1000 Jahren hatte.

Der Platz, auf dem der Palast gestanden hatte, wurde als heilig angesehen und nach seiner Verödung nicht mehr besiedelt. Nach dem antiken Historiker Diodoros war er der Heilige Hain der Rhea, in dem auch ein kleiner Tempel der Göttin stand. Der Stadtkern befindet sich nun nördlich und westlich vom Gebiet des Palastes, in dessen Nähe drei Tempel errichtet werden, einer der Demeter auf dem Gypsades-Hügel, einer der Rhea im Gebiet des Pala-

Gefäss der geometrischen Epoche

Tempelmetope mit Darstellung des Mythos des erymanthischen Ebers

stes und einer von Zeus und Hera auf der sogenannten Akropolis. Es ist nicht bekannt, wo sich der Sitz des Königs oder Herrschers und wo sich der Marktplatz befanden. Bekannt sind die ausgedehnten Gräberfelder im Gebiet des Venizelio-Krankenhauses und der Universität und noch weiter nördlich. Man schätzt, dass die damalige Stadt eine Ausdehnung von 500-600.000 m2 und die entsprechende Anzahl von Einwohnern hatte. Sie war wahrscheinlich in einzelne Gemeinden aufgeteilt, die einer zentralen Gemeinde untergeordnet waren, die sich westlich und nördlich vom Palastgebiet befand. Knossos war die Hauptstadt von Kreta und hatte

kulturellen und künstlerischen Einfluss auf die ganze Insel. Kreta hatte auch sehr enge Beziehungen zu Zentren in Griechenland und im Orient.

Klassische und hellenistische Zeit.
Knossos war eine der bedeutendsten Städte Kretas, und hatte abwechselnd mit den anderen grossen Städten, Gortyn, Lyktos und Kydonia gute Beziehungen oder war mit ihnen verbündet. Vielleicht gab es auch eine Zeit, in der die Macht der Stadt verfiel, wahrscheinlich nach einer Naturkatastrophe. Aus diesen vier Jahrhunderten haben wir nur wenige Ruinen, wie Heiligtümer, Tempel, Heroentempel und Nekropolen.
Im Südwestteil der klassisch/hellenistischen Stadt, im Gebiet der Villa Ariadne

und westlich von der heutigen Siedlung, am Fuss des Akropolis-Hügels, befanden sich Töpferei-Werkstätten. Von den Heiligtümern der vorangegangenen Epoche wurden noch der Tempel der Demeter auf dem Gypsades-Hügel, der Tempel der Rhea im Palast und das Heroon des Glaukos in der heutigen Siedlung Metochi, zwei Tempel auf der sogenannten "Akropolis", die man als Tempel des Zeus und der Hera und als Tempel des Apollon von Delphi identifiziert, sowie noch ein Tempel in dem Teke genannten Gebiet benutzt. Von diesen Heiligtümern und Tempeln gibt es nur wenige Gebäudereste. Es wurden aber Inschriften und architektonische Teile (Metopen, Friese u.ä.) ausgegraben.

HELLENISTISCH-RÖMISCHE ZEIT

Im 2. und im 1. Jahrhundert v. Chr. leistete das stolze und mächtige Knossos als einzige Stadt auf Kreta den römischen Eroberern Widerstand. Dieser Widerstand kostete ihm die Vormachtstellung, die es bis dahin unbestritten auf Kreta innehatte. Die Vormachtstellung wurde später, nach der Eroberung im Jahre 67 v. Chr., von Gortyn eingenommen. Knossos ist nunmehr eine römische Kolonie. Man nimmt an, dass es eine Ausdehnung von 500/600.000 m2 hatte. Es war aber weiter-

hin eine blühende Stadt mit prächtigen öffentlichen Bauten und Privathäusern. Ihre Ruinen kann man heute noch an der Ellinika genannten Stelle zwischen dem Venizelio-Krankenhaus und der Villa Ariadne sehen. Die Mosaike der Dionysos-Villa gehören zu den besten der römischen Kaiserzeit. Teile einer langen Wasserleitung aus römischer Zeit sind in Spilia, südlich von Knossos, entdeckt worden.

Zahlreiche Gräber verschiedener Art sind aus jener Zeit ausgegraben worden, von Gräbern mit einfachen Ziegelabdeckungen, bis zu in Stein gemeisselten Kammergräbern und über- und unterirdischen Mausoleen.

Ein solches Mausoleum war das "Grab des Kaifa" das von S. Xanthoulidis erforscht wurde, heute aber nicht mehr erhalten ist. Ein jüngst vom Verfasser ausgegrabenes Mausoleum befindet sich beim Nordeingang der Universität.

Darstellung des Labyrinths auf einer Silbermünze

Haupt des Zeus-Minoas auf einer Silbermünze

37

Kupferstich von Candia (das heutige Iraklio) aus dem Benaki-Museum in Athen

ERSTE BYZANTINISCHE EPOCHE

Während der ersten Jahre nach der Christianisierung war Knossos ein bedeutendes Zentrum und Bischofssitz. Der Forschung sind aus der damaligen Zeit drei Kirchen vom Basilika-Typ bekannt: eine im Bereich des Venizelio-Krankenhauses mit Mosaiken, eine zweite in der Siedlung Makrys Tixos, an der Stelle der heutigen Kirche der Hl. Sophia, und eine dritte, eine Friedhofskirche, im Gebiet der Universität. An einem nicht näher bekannten Zeitpunkt, vor dem 9. Jahrhundert n. Chr., wurde der Bischofssitz nach Ravkos, das heutige Dorf Agios Myronas Maleviziou, verlegt. Auch das Verwaltungszentrum

wurde in den Hafen von Iraklio verlegt. Die Stadt wurde langsam zu einem kleinen Dorf an der Stelle des heutigen Makrys Tichos.

ARABERHERRSCHAFT - ZWEITE BYZANTINISCHE EPOCHE - VENE-ZIANISCHE HERRSCHAFT

Während der Jahre nach der Eroberung der Insel durch die Araber gab es an der Stelle Makrys Tichos nur einige ärmliche Häuser. In einer zweiten byzantinischen Epoche und während der Herrschaft der Venezianer gab es rings um die Kirche (Agia Sophia), die an der Stelle der Basilika erbaut wurde, eine Siedlung. Dies ist vielleicht die Kirche, die von Buontelmonti erwähnt wird. Nach anderer Ansicht bezieht er sich aber auf die byzantinische Kirche Agia Paraskevi auf dem Ai Lia- Hügel. Er erwähnt auch das Grab des Kaifa,

der einer Überlieferung nach in Knossos begraben wurde. Es gibt eine Aufzeichnung, dass Makrys Tichos während der Zeit der venezianischen Herrschaft 150 Einwohner hatte.

TÜRKENHERRSCHAFT

Das kleine Dorf Makrys Tichos wurde von den Türken nach dem Fluss Bougada (Tsamasir Dere), dem antiken Kairatos, in Bougada Metochi umbenannt. Die Bezeichnung Bougada (=Wäsche) geht darauf zurück, dass die türkische Besatzung der Fortetsa bei der Belagerung von Kandia (Iraklio), dort ihre Wäsche wusch. Bei einer Volkszählung gegen Ende des vorigen Jahrhunderts (1881) wurden im Gebiet des antiken Knossos verschiedene kleine Siedlungen verzeichnet: Ellinika im Norden, Makrys Tichos im Nordosten, und Metochia im Westen und Norden des Palasthü-

gels. Die Siedlung Makrys Tichos ist die älteste, und seine Kirche (Agia Sophia) ist an der Stelle der frühchristlichen Basilika erbaut. Der Name (Makrys Tichos = Lange Mauer) leitet sich von einer langen Mauer in Ellinka und Topanas ab, die vielleicht zu einem grossen Gebäude aus römischer Zeit gehörte. Makrys Tichos und die anderen Siedlungen hatten 254 Einwohner (65 Christen und 89 Muselmanen) und gehörten verwaltungsmässig zur Gemeinde Archanes. Die neue Siedlung in Knossos, die nach 1900 westlich des Palastes und am Ostabhang des Gypsades-Hügels entstand, erhielt den alten Namen Bougada Metochi. Die Siedlung südlich des Palastes und am Ostabhang des Gypsades-Hügels wurde nach der gleichnamigen, brakiges Wasser führenden Quelle, die es früher an der Stelle der minoischen Karawanserei gab, aber nun versiegt ist, Vlychia genannt.

FÜHRER

DER PALAST
HÄUSER RINGS UM DEN PALAST

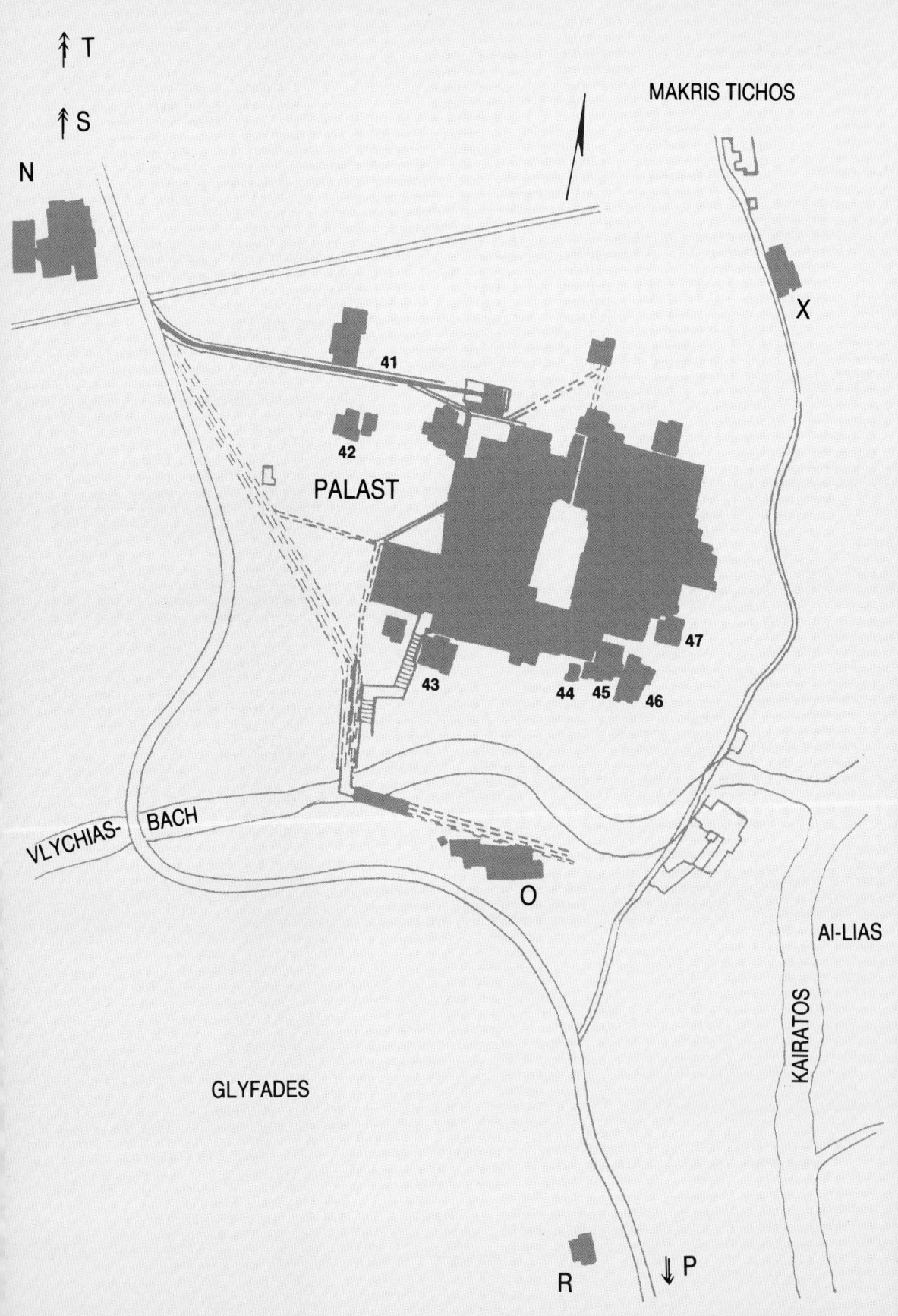

T

S

N

MAKRIS TICHOS

X

41

42

PALAST

47

43

44 45 46

VLYCHIAS- BACH

O

AI-LIAS

KAIRATOS

GLYFADES

R

P

FÜHRER DURCH DIE AUSGRABUNGSSTÄTTE

KNOSSOS

Knossos ist eine der wichtigsten und für den Touristen interessantesten Ausgrabungsstätten Griechenlands, denn die bedeutende, mächtige Stadt Minoas und Ariadnes, Pasiphaes, des Minotaurus und des Idomeneas, war eine der ersten Städte im europäischen Raum, Zentrum einer der glänzendsten Kulturen der griechischen und europäischen Frühgeschichte, der minoischen Kultur, die ihren Namen von dem grossen, gottgleichen König Minoas herleitet. Die Ruinen dieses Gemeinwesens, von denen einige von A. Evans wiederaufgebaut wurden, sind die unwiderlegbaren Zeugen seiner uralten Grösse.

Der Rundgang, der in diesem Führer vorgeschlagen wird, ist der gebräuchlichste und auch der interessanteste. Man kann aber das Gelände auch je nach Wunsch auf andere Weise begehen. In naher Zukunft wird es an der Besucherroute geringfügige Änderungen geben, da einige Räume geschlossen werden. Im grossen und ganzen wird aber die hier vorgeschlagenen Route beibehalten. Nach dem Rundgang durch den Palast und die umliegenden Gebäude innerhalb der Hauptausgrabungsstätte kann der Besucher noch drei weitere grosse Gebäude ausserhalb dieser besuchen, ein Grab und zwei Denkmäler aus römischer Zeit, die Villa des Dionysos und ein Mausoleum.

DER PALAST

Man kommt zur Hauptausgrabungsstätte auf der Landstrasse Iraklio - Viannos. Vor dem umzäunten Gebiet befinden sich Parkplätze. Nach dem Eingang, wo sich die Kasse, eine Kantine und ein Kiosk für Broschüren und Karten befinden, beginnt der Rundgang durch den Palast.

Der Besucher betritt den Palastbereich heute über eine moderne Treppenanlage,

Allgemeine archäologische Karte der Ausgrabung

die an der Stelle des ursprünglichen Westzuganges liegt, und befindet sich danach unmittelbar im gepflasterten WESTHOF (A), der im Westen von einer Mauer aus Bruchsteinen begrenzt wird. Weiter hinten ragt im Osten die teilweise wiederaufgebaute Westfassade des Palastes hervor. Der Westhof wird von drei Prozessionswegen (3) durchquert, die ein Dreieck bilden und die etwas höher liegen als das Pflaster des Hofes. In der Südwestecke des Hofes steht die Büste des Ausgräbers von Knossos, Sir A. Evans, die ihm zu Ehren von der

Der Westhof

Die Westfassade des Palastes

PALAST

A. WESTHOF
B. VORRATSRÄUME DES WESTFLÜGELS
C. THRONSAAL MIT NEBENRÄUMEN
D. HAUPTHEILIGTUM
E. MITTELHOF
F. MEGARON DER KÖNIGE
G. HEILIGTUM DEN DOPPELÄXTEN
H. QUARTIERE MIT WERKSTÄTTEN
I. GROSSER SAAL DES OSTFLÜGELS
J. GEBÄUDEKOMPLEX DES NORDEINGANGES
K. NORDWESTABSCHNITT DES PALASTES
L. THEATER

1. "Kouloures" (runde gemauerte Gruben)
2. Altäre
3. Zeremonienweg
4. Westtor
5. Prozessionsgang
6. Südliche Propyläen
7. Grosse Treppe
8. Zeremoniensäle
9. Gang der Vorratsräume
10. Westtreppe
11. Vorraum
12. Thronsaal
13. Bassin für Reinigungsbäder
14. Dreiräumiges Heiligtum
15. Schatzkammern des Heiligtums
16. Krypta mit Pfeilern
17. Heiligtum der Rhea
18. Südeingang
19. Monumentaltreppe
20-21. Saal der Doppeläxte oder
    Megaron des Königs
22. Megaron der Königin
23. Altar-Bank
24. Bassin für Reinigungsbäder
25. Werkstatt des Steinschneiders
26. Werkstatt des Töpfers
27. Hof der "steinernen Öffnung"
28. Vorratsraum mit riesigen Krügen
29. Osteingang
30. Lagerraum der Pithos-Krüge
31-32. Gang der Sackgassen
33. Gang des "Zatrikion"
34. Vorratsräume des Alten Palastes
35. Nordöstliche Lagerräume
36. "Zollamt"
37. Nordeingang
38. Nördliches Bassin für
    Reinigungsbäder
39. Tiefe Kellerräume
40. Theater

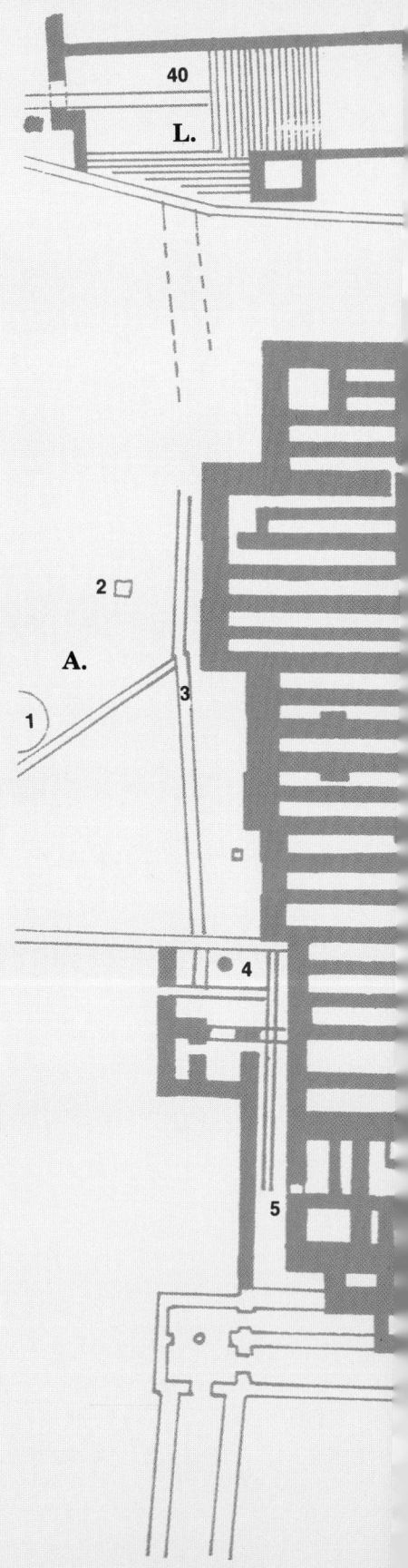

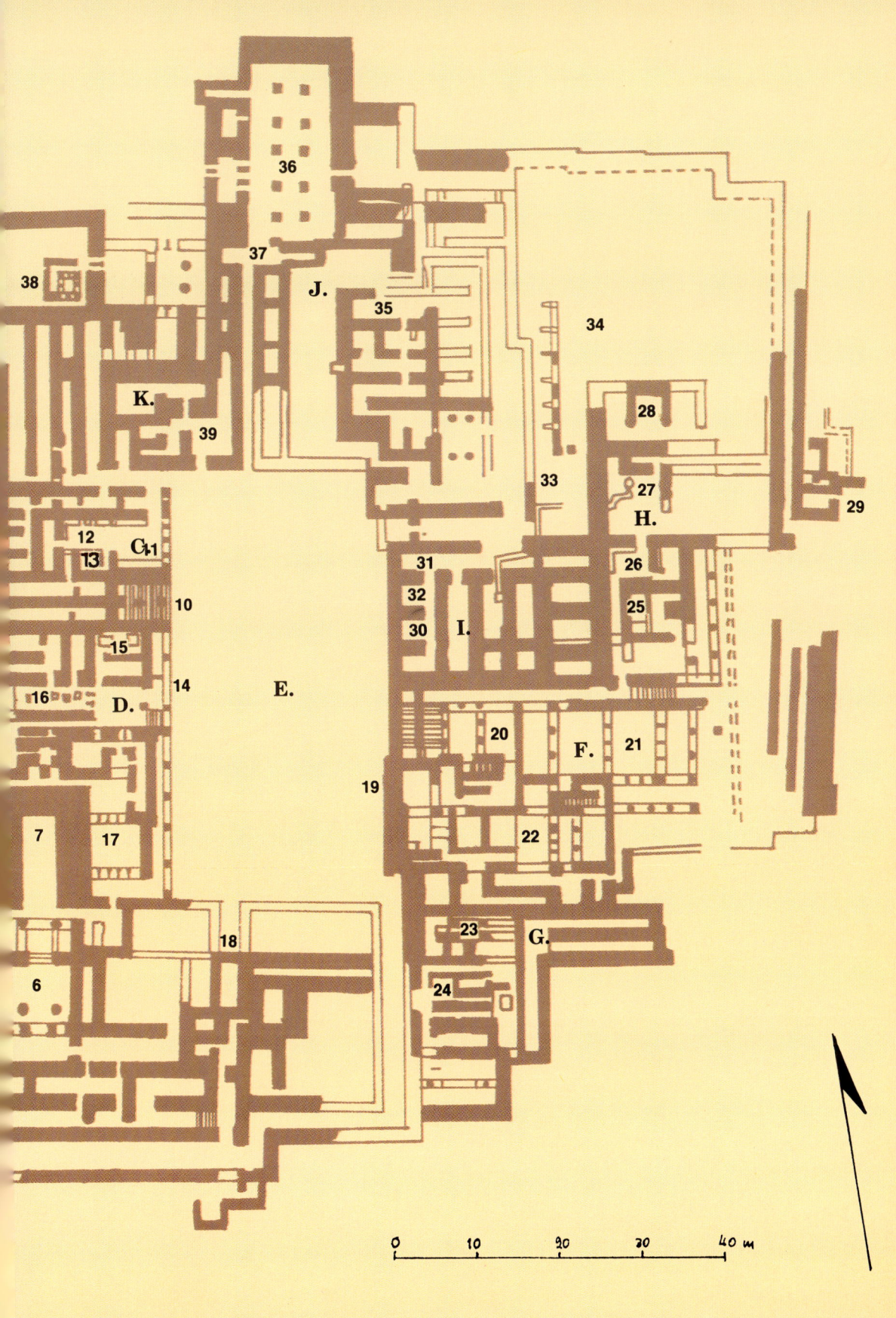

**Die Südwestecke
des Palastes**

**Die Südfassade
des Palastes.**

**Die grossen südlichen
Propyläen**

**Die Wandmalerei des
"Prinzen mit den Lilien"**

Die Wandmalerei des "Gefässträgers"

Gemeinde Iraklio errichtet wurde. Drei grosse runde gemauerte Gruben, die "Kouloures" (= runde Kuchen) genannt werden (1) waren Depots für Abfälle und Opfergaben aus den Zeremonien, die im Westhof abgehalten wurden. Dass solche Zeremonien hier abgehalten wurden zeigt das Vorhandensein von zwei niedrigen gemauerten Altären (2). Der Westhof hatte zeremoniellen und religiösen Charakter und war nach Norden durch einen Zeremonienweg (3) mit dem "Theater" verbunden. In den tieferen Schichten unter dem Hof wurden Überreste der Epoche vor den Palästen und der jungsteinzeitlichen Besiedlung des Hügels entdeckt.

Vom Westhof gelangt der Besucher in den Palast, den er durch das monumentale Westtor (4) mit einem Propyläon mit Säulen (Säulenhöhe 5m) und einer Nische für den Wächter, betritt. Er kommt dann in den gepflasterten Prozessionsgang (5), dessen Wände mit dem berühmten Fresko

Darstellung der treppenförmigen Stoa (nach K. Iliakis)

Der Südeingang

Die westlichen Lagerräume

mit Darstellungen einer Prozession geschmückt waren. Der Gang ist in seinem
Südteil nicht erhalten und daher muss der
Besucher durch einen schmalen Durch-
gang gehen, um zu den grossen südlichen
Propyläen zu gelangen (6). Dort endete
auch der treppenförmige Säulengang, der
über ein Viadukt von der Karawanserei
hierherführte, und der den ursprünglichen
Südeingang bildete. Nach seiner Zerstörung gegen 1600 v. Chr. wurde ein neuer
kleiner Südeingang gebaut, der über einen
Korridor in Form eines Γ in die Südwestecke des Mittelhofes führte.

Der Westflügel der südlichen Propyläen ist
wiederaufgebaut worden; dort befindet
sich auch eine Reproduktion eines Aus-
schnittes der Wandmalerei mit der Prozession. Zwei Säulen standen vor und hinter
dem breiten Tor, das von Süden her
schloss. Die Vorratskrüge (pithos-Krüge),
die sich in den Propyläen befinden, stammen aus der Zeit der Neubesetzung des Pa-

Der Westflügel

lastes. Von den südlichen Propyläen aus kommt man über eine breite Treppe (7) in das wiederaufgebaute Obergeschoss des Westflügels (nach A. Evans "piano nobile"). Das heute teilweise überdachte Erdgeschoss des Westflügels enthält VORRATSRÄUME (B), den THRONSAAL (C) mit Nebenräumen und das Haupttheiligtum (D) mit seinen Nebenräumen. Östlich der grossen Treppe steht ein rechteckiges Gebäude, (17), das A. Evans erst als den "mykenischen Palast", und später als das "griechische" Heiligtum der Rhea (was das wahrscheinlichere ist) bezeichnete. Im Obergeschoss befanden sich grosse Zeremoniensäle mit Säulen. Sie tragen die traditionellen Bezeichnungen "Saal des Heiligtums", "Grosser Saal" u.a. (8). Die Wände dieser Säle waren mit prächtigen Wandmalereien geschmückt. Von ihnen stammen die berühmten Wandmalereien, "die Opfergaben", "die Pariserin", die Miniatur "Tempel mit drei Säulen" u.a. Von dem wiederaufgebauten Dach des Westflügels aus sieht man die achtzehn grossen Vorratsräume des Westflügels, die die Hälfte des Westflügels ausmachen. Diese Vorratsräume sind längliche Kammern, die nach Westen Türöffnungen auf einen breiten und langen Gang (9) haben. Die Vorratskrüge (pithos-Krüge) stehen in zwei Reihen, und zwischen ihnen verlaufen Reihen tiefer, rechteckiger Zisternen, die mit Alabasterplatten ausgelegt sind. Diese Zisternen dienten wahrscheinlich zur Aufbewahrung von Flüssigkeiten, während man in den Krügen vor allem Produkte fester Konsistenz aufbewahrte. Vorratskrüge und -behälter fanden sich auch im Korridor. In den Vorrätsräumen und im Korridor hatten insgesamt 400 Vorratskrüge Platz, es wurden aber nur 150 gefunden. Ihr Gesamtfassungsvermögen wird auf 80.000 Liter geschätzt. In die Wände der Vorratsräume sind religiöse Symbole eingeritzt (Doppelaxt, Stern, Zweig), die auf den religiösen Charakter dieser Räume verweisen. An vielen Stellen in den Vorratsräumen sieht man noch die Spuren des Feuers, das den Palast zerstörte.

Ein westlicher Lagerraum mit Pithos-Krügen

In einem überdachten Saal über dem Thronsaal sind einige Reproduktionen von Wandmalereien aus verschiedenen Teilen des Palastes ausgestellt. Miniatur-Wandmalereien wie "das Fest vor dem Heiligtum" und " Tanz im Heiligen Hain" und die Wandmalereien "die blauen Damen", "Tavrokathapsies (= Stierspringen)", der "Argonaut", "der blaue Affe" "der blaue Vogel", "der Anführer der Schwarzen". Von diesem Saal aus führt eine kurze Treppe in den Vorraum zum Thronsaal.
Vom Obergeschoss des Westflügels aus gelangt der Besucher über die Monumentaltreppe mit zwei Säulenreihen (10) in den grossen, rechteckigen, gepflasterten MITTELHOF (E). Vom Mittelhof aus konnte

**Restaurierte Treppe in das zweite
Obergeschoss**

man nach Belieben von einem Flügel in
den anderen gelangen. Er spendete dem
Palast, der sich mit seinen mehrgeschossi-
gen Bauten rings um ihn erhob, Licht und
Luft. Man hat angenommen, dass in diesem Hof verschiedene Zeremonien und
Feste abgehalten wurden. Der Nord- und
der Südeingang fürten in diesen Hof. Sein
Pflaster ist nur in der NW und SW-Ecke
erhalten. Die Platten, sowie auch grosse
Mengen anderen Baumaterials wurden
während der venezianischen Herrschaft
nach Kandia transportiert und zum Bau
der Befestigungsanlagen verwendet. In
den tieferen Schichten unter dem Hof fan-

den sich die übereinanderliegenden
Schichten der jungsteinzeitlichen Siedlung.
Vom Mittelhof aus hat der Besucher Zugang zum Thronsaal mit seinen Nebenräumen (C), der in seiner heutigen Gestalt aus
der vierten Bauphase des Neuen Palastes
stammt, der sogenannten "mykenischen".
Über Treppen und durch eine breite Türe
gelangt man zuerst in den Vorraum (11).
Er hat an der Nord- und Südseite je eine
gemauerte Bank aus Alabaster und einen
niedrigen Sockel, auf dem ein hölzerner
Thron gestanden hatte. In der Mitte des
Vorraumes befindet sich ein Becken aus
Porphyr. Hier wurden bei den Ausgrabungen Alabastersteine in Form von Broten
gefunden, die im Augenblick der Katastro-

phe in der Eile zurückgelassen worden waren. Eine Doppeltür führt in den eigentlichen Thronsaal (12), mit einem Alabasterthron in der Mitte der Nordseite und Bänken an den Nord- West- und Südseiten. An der Südseite gab es auch ein Bassin für Reinigungsbäder (13). Links und rechts vom Thron befinden sich Reproduktionen der Wandmalereien mit den Greifen. Diese phantastischen Wesen mit Adlerköpfen und Löwenleibern symbolisieren die königliche und göttliche Macht. Der Thronsaal hatte religiösen Charakter und A. Evans nahm an, dass hier Minoas und die Priesterschaft Zusammenkünfte abhielten, bei denen sie auch Recht sprachen. Aus diesem Grund wurde eine hölzerne Reproduktion des Thronsessels an-

Der Vorraum zum Thronsaal

gefertigt und in Den Haag für den Vorsitzenden der Internationalen Gerichtshofes aufgestellt. Westlich und nördlich des Thronsaales sind fensterlose Räume mit Bänken für die Idole der Gottheiten und für Zeremoniengeräte und -gefässe.

Südlich des Komplexes mit dem Thronsaal, unmittelbar neben der Westtreppe, befindet sich das HAUPTHEILIGTUM (D) mit seinen Nebenräumen. Es handelt sich um ein dreiräumiges Heiligtum (14), dessen Fassade aus der gleichnamigen Wandmalerei bekannt ist und die Schatzkammern des Heiligtums (15), rechteckige

Das zentrale dreiräumige Heiligtum

Der Komplex mit dem Thronsaal

Der Thronsaal

Die Wandmalerei der "Pariserin"

Die Miniatur-Wandmalerei des dreiteiligen Heiligtums.

gemauerte Gruben, in denen die berühmten Schlangengöttinen und andere religöse Gegenstände aufbewahrt wurden. Westlich davon sind zwei Räume mit einem Pfeiler in der Mitte (16). Auf den Pfeilern sind heilige Symbole eingeritzt, und vor und hinter ihnen befinden sich kleine steinerne Wannen für Trankopfer. Hier wurden also auf irgendeine Weise die Pfeiler angebetet, von denen man annahm, dass in ihnen die Gottheit wohnte.

Wenn man den Mittelhof nach Süden hin durchquert, gelangt man an seiner Südseite, zum letzten Abschnitt des Zeremonienganges, der wiederaufgebaut wurde (18). An der Wand befindet sich eine Reproduktion der stukkatierten Wandmalerei, die als "Priesterkönig (oder -prinz) bekannt ist. Er ist von Lilien umgeben und hält einen Greif oder eine Sphinx an einer Leine. Jüngst wurde behauptet, dass die Fragmente der Wandmalerei zu drei Gestalten

Idol aus Fayance. Die Schlangengöttin.

gehören, zwei Faustkämpfern und einem Priester, der eine kostbare und prächtige Krone auf dem Haupt trägt.

Im Zentrum der Ostseite des Mittelhofes befindet sich die Monumentaltreppe (19), von der aus man in den Ostflügel des Palastes kommt, der das MEGARON DER KÖNIGE (F), das HEILIGTUM DER DOPPELÄXTE (G), den grossen SAAL DES OSTFLÜGELS (I) und die QUARTIERE MIT DEN WERKSTÄTTEN (H) umfasst. Die Ruinen dieses Teils des Palastes waren in relativ gutem Zustand, weil die Wände wegen ihrer Lage am Einschnitt, der in den Abhang des Hügels gegraben worden war, bis zu einer ansehnlichen Höhe erhalten waren. Wegen dieses Einschnittes konnte der Palast hier fünfgeschossig gebaut werden (das Erdgeschoss an der Basis des Einschnittes und vier Obergeschosse), während der Westflügel dreigeschossig war (das Erdgeschoss auf der Ebene des Hofes und zwei Obergeschosse). Vom Erd-

Die Monumentaltreppe

geschoss aus waren die Obergeschosse, wo sich die "königlichen Gemächer" befanden, durch eine monumentale Treppenanlage, bekannt als "die grosse Treppe", zu erreichen.

Die grosse Treppe mit ihren Alabasterstufen ist eines der Meisterwerke der minoischen Architektur. Sie besteht aus jeweils zwei Flügeln, erhält Licht durch einen breiten Schacht, der sich östlich der Treppe befindet, und ist von Säulenreihen umgeben, die übereinander liegende Terrassen bilden. Von der Anlage sind vier Absätze zu sehen. Die beiden oberen sind Rekonstruktionen, die beiden unteren sind im Originalzustand. Bemerkenswert sind die grosse Breite, geringe Höhe und die leichte Neigung der Stufen, die das Hinauf- und Hinuntergehen bequem machen. Die Terrasse der Königswache wurde so benannt nach den Schildern in Form einer Acht, die hier an die Wände der Terrasse gemalt waren (an Ort und Stelle befindet sich eine Reproduktion).

Wenn man über die Treppe ins Erdgeschoss geht und dem Korridor in östlicher Richtung folgt, gelangt man in das Megaron des Königs, bekannt auch als Saal der Doppeläxte (21), denn in die Steinwände sind ringsum diese heiligen Symbole ge-

schnitten. Das Megaron besteht aus dem Hauptsaal mit vielflügeligen Türen, und Säulenhallen an der West-, Ost-, und Südseite, die durch Lichtschächte beleuchtet wurden.

In der westlichen Säulenhalle fand man Überreste eines imposanten Thrones, der von einer mächtigen Kalksteinmasse zerschmettert worden war. Der Thron war hölzern und war von niedrigen Säulen umgeben, die einen "Baldachin" trugen. Heute ist er durch eine Glasvitrine geschützt. Die Türen waren zweiflügelig. Die Flügel verschwanden, wenn sie geöffnet waren in Aussparungen der Türpfosten, so dass ein genügend grosser Raum für eine grosse Menschenansammlung entstand und ein kühler Luftzug gesichert war. An der Nordwand befand sich vielleicht ein hölzerner Thron. Die Wände des Megaron, des Obergeschosses und der Terrasse waren mit Wandmalereien geschmückt, die

Der Altan mit den Schildern

fragmentarisch erhalten sind (Schilder in Form einer Acht, Argonaut, Stier) und in die Epoche des "mykenischen" Palastes, in die vierte Bauphase, datiert werden.

Vom "Megaron des Königs" kommt man durch einen Gang in das "Megaron der Königin" (22). Es ist kleiner, aber die Ausstattung ist luxuriös, mit vielflügeligen Fenstern, mit Bänken, einer Säulenhalle, einem Lichtschacht und mit Nebenräumen: einem Bad mit einer Tonwanne, einem Boudoir und einer Toilette. Von einem kleinen Heiligtum im Geschoss über dem Megaron stammt ein bemerkenswerter Schatz an kleinen Kunstgegenständen: der Stierspringer-Akrobat aus Elfenbein, andere Fragmente von Elfenbeinfiguren und eines Stiers und die winzige goldene Nachbildung eines Fisches u.a., sowie auch die "Göttin von Boston" aus Gold und El-

63

Die Säulenhalle des Megaron des Königs

fenbein, die vor den Ausgrabungen gefunden und heimlich ausser Landes geschmuggelt worden war. Das "Megaron der Königin" war mit schönen Wandmalereien geschmückt (Delphine, Tänzerin, u.a.). Zwischen den beiden königlichen Megara, rings um sie und auch zwischen den Geschossen gab es Verbindungstreppen. Ein System von Lichtschächten sicherte Beleuchtung und Belüftung. Der Südteil des Ostflügels wird von dem "Heiligtum mit den Doppeläxten" (G) eingenommen. Es handelt sich um eine Anlage, die in ihrer heutigen Gestalt der "mykenischen" Phase des Palastes zuzurechnen ist. Das Heiligtum hat einen gemauerten Altar in Form einer Bank (23), wo die Idole der Gottheit und andere religiöse Gegenstände aufgestellt waren. Es gibt dort auch ein Bassin für Reinigungsbäder (24) und es fanden sich auch steinerne pyramidenförmige Sockel für Doppeläxte.

Das Bad der Königin

Das renovierte Obergeschoss des Megaron des Königs

Das Megaron des Königs von Südwesten und Süden

Vom Heiligtum der Doppeläxte muss der Besucher wieder zu den äusseren Gängen der königlichen Gemächer zurückkehren, und setzt von dort aus seinen Rundgang zu den Quartieren mit den Werkstätten (H) fort.

Hier befand sich die Werkstatt des Steinschneiders (25) mit den Steinen, die er bearbeitete so wie er sie im Augenblick der Katastrophe liegen liess, die Werkstatt des Töpfers (26), mit einer niedrigen Bank und einer Schüssel aus Gips zum Formen des Tones. Ein Raum über der Töpferwerkstatt war mit der Wandmalerei der Stierspringer geschmückt.

Nördlich der Werkstatt liegt der "Hof der steinernen Öffnung" (27). Östlich davon ist der treppenförmige Osteingang (29) mit einem System zur Ableitung des Regenwassers, das aus Leitungen neben den Stufen und aus Öffnungen in gewissen Abständen besteht.

Nördlich von der schmalen modernen Treppe befindet sich der Vorratsraum mit den riesigen Vorratskrügen (28), der in die Periode des alten Palastes gehört. Noch weiter nördlich waren Keramikwerkstätten und die nordöstlichen Vorratsräume (34) des Alten Palstes.

Wenn man über die kurze moderne Treppe in westlicher Richtung hinaufgeht, kommt man in den Abschnitt, wo sich der grosse

Die Wandmalerei der "Delphine"

Das Megaron der Königin

Die Wandmalerei der "Tänzerin"

Detail aus dem
Heiligtum mit den
Doppeläxten

Die Quartiere mit
den Werkstätten

Die Werkstatt des
Steinschneiders

**Fassaden von Gebäuden und ein
Baum auf Elfenbeinplättchen**

Die Wandmalerei der "Damen"

OSTSAAL befand (I), von dem heute das Erdgeschoss wiederaufgebaut und überdacht ist. Hier befindet sich der Vorratsraum mit den Vorratskrügen mit den Reliefmedaillons (31).

In diesem Raum befand sich die Wandmalerei mit den "Blauen Damen".

In einem der kleineren Räume fand man das berühmte "Stadtmosaik", Plättchen aus Fayence mit Fassaden minoischer Häuser. Alle diese Fundstücke kamen aus dem Stockwerk, in dem sich der Grosse Saal befand. Hier ist auch der Gang der "Sackgassen" (32).

Man nimmt an, dass der grosse Ostsaal der offizielle Thronsaal war. In dem Saal stand das Kultbild der Göttin, das übernatürlich gross war, und von dem die bronzenen Haarflechten erhalten sind. Bei den Ausgrabungen fand man an der Nordseite des Saales eine grosse Menge verbrannten Holzes. Man schätzt die Höhe des Kultbildes auf 2,80 m.

Die Wände dieses Saales waren mit einzigartigen stukkatierten Wandmalereien geschmückt (mit Darstellungen von Wettkämpfen und von an Säulen gebundenen Greifen).

Nördlich des grossen Saales liegen verschiedene Räume, wie der "Gang des Zatrikion" (33), in dem man das berühmte königliche Spiel fand, das einem Schachspiel ähnelt. In diesem Raum sind Teile der Wasserleitung zu sehen. Andere hier befindliche Räume tragen die traditionellen Bezeichnungen "Nordostsaal", "Östliche Lagerräume", "Ölpresse" u.a. (35)

Der Raum mit den Abteilungen war vielleicht für das Vieh des Palastes bestimmt.

Wenn man die nordöstlichen Vorratsräume hinter sich hat, kommt der Besucher zum GEBÄUDEKOMPLEX DES NORDEINGANGES (J), wo sich der grosse nördliche Hypostylsaal befindet, der "Zollamt" (36) genannt wird.

Dieser grosse Hypostylsaal ist dreischiffig, mit acht Säulen, die die Decke tragen. Hier

71

Der "Gang der Sackgassen"

endete die Strasse, die vom Hafen kam, und man nahm an, dass die Waren vom Hafen hierhergebracht wurden. Es ist aber auch möglich dass der Saal für Gastmäler benutzt wurde.

Beim Zollamt beginnt die Rampe des Nordeingangs (37) mit imposanten Altanen an den beiden Seiten, die in den Mittelhof führten. Einer der beiden Altane ist wiederaufgebaut und auf ihm befindet sich die Reproduktion des Wandgemäldes mit dem Stier.

Abschliessend sollte man noch den NORDWESTABSCHNITT (K) DES PALASTES besuchen (nach A. Evans die "Nordwestinsel") Hier befinden sich sechs sehr tiefe Kellerräume (39), die von einer rechteckigen Mauer umschlossen sind. Von A. Evans wurden sie als "Zellen" bezeichnet, sie können aber auch Vorratsräume gewesen sein. Sie gehören zur Baumasse des Alten Palastes. Über den "Zellen" wurde im Rah-

**Stukkatierte Wandmalerei
einer sitzenden Frau**

Der Nordostteil

men des Neuen Palastes ein Heiligtum mit gepflastertem Boden und einer Mittelsäule erbaut. Das Obergeschoss war mit Wandmalereien geschmückt. Hier fanden sich die Fragmente der Miniaturen mit dem dreiteiligen Heiligtum, dem heiligen Hain und dem Krokussammler. In einem der Räume dieses Teiles fanden sich viele Tafeln mit Linear B-Inschriften. Nördlich von diesem Abschnitt kann man das rekonstruierte nördliche "Bassin für Reinigungsbäder" (38) besichtigen.

Beim Verlassen des Palastes kommt man an der Westseite zu dem berühmten THEATER (L) von Knossos, das einzig in seiner Art ist. Das Theater war eine der wichtigsten offiziellen Stätten des Palastes und der Stadt. Die Sitzreihen bilden zwei getrennte Flügel (40), den West - und den Südflügel. Wo sich die zwei Flügel treffen,

Die Pithos-Krüge mit den Relief-Medaillons

Der Nordteil 73

Tafeln mit Inschriften in Linear-A und -B

Der Nordteil

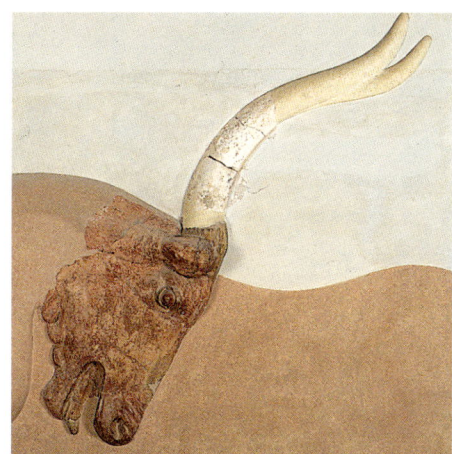

**Die stukkatierte Wandmalerei
eines Stieres**

**Der Altan mit der stukkatierten
Wandmalerei eines Stieres**

Das "Zollamt" und der Nordeingang

Das Theater

Das nördliche Bassin für Reiningsbäder

befindet sich die "Ehrenloge".
Das Theater fasste 400 Personen. Beim
Theater endete die berühmte gepflasterte
Königsstrasse mit einem Zeremoniengang
(41). Diese Strasse führte zum Kleinen
Palast und durchquerte die ganze Stadt.
Einige der grossen und bedeutenden Häu-
ser der Stadt liegen an der Königsstrasse
(Haus der Wandmalereien u.a.). Vom Thea-
ter aus kehrt man in den Westhof zurück
und gelangt dort zum Ausgang der Ausgra-
bungsstätte.

DIE HÄUSER IN DER UMGEBUNG DES PALASTES

Einige der interessantesten ausgegrabe-
nen Häuser der Stadt befinden sich inner-

Die Königsstrasse

halb der umzäunten Hauptpausgrabungs-
stätte und sind allgemein zugänglich.
Nordwestlich des Palastes liegt "das Haus
mit den Wandmalereien", südlich "das
südliche Haus" und südöstlich das "Haus
mit den herabgestürzten Steinblöcken",
"das Haus mit den geopferten Stieren".
"das Haus mit der Heiligen Tribüne" und
"das südöstliche Haus".
"Das Haus mit den Wandmalereien" (42)
befindet sich südlich der Königsstrasse
und verdankt seinen Namen den zahlrei-
chen in einem seiner Räume aufgefundenen Fragmenten von Wandmalereien, die
zu den bekanntesten von Knossos gehö-

Die Wandmalerei des "Blauen Vogels"

Die Wandmalerei des "Blauen Affen"

80

ren: "die Gärten", "der blaue Vogel", "der blaue Affe" und "der Anführer der Schwarzen". Reproduktionen dieser Wandmalereien befinden sich in dem Raum über dem Thronsaal.

"Das südliche Haus" liegt auf niedrigerem Niveau als der Palast, vor dessen Südwestecke. Es wurde in der zweiten Bauphase des Neuen Palastes neben dem treppenförmigen Säulengang erbaut, als jener Säulengang schon nicht mehr benutzt wurde. Es war dreigeschossig und ist von A. Evans wiederaufgebaut worden. In jüngster Zeit begannen Arbeiten für seine bessere Abstützung. Das Haus weist interessante Bauelemente auf: eine Hypostylkrypta, ein Bassin für Reinigungsbäder, einen Sockel für eine Doppelaxt. Die bedeutendsten Fundstücke aus diesem Haus sind ein Schatz von Silbergefässen und eine Sammlung von Werkzeugen aus Bronze.

"Das Haus der geopferten Stiere" und "das Haus der herabgestürzten Steinblöcke" gehören in die erste Bauphase des Neuen Palastes. Seinen Namen verdankt das erstere Haus den bei der Ausgrabung aufgefundenen Überresten eines Opfers (ein dreifüssiger Altar und die Hörner eines Stieres) und das letztere den grossen Steinblöcken, die beim Erdbeben von der Fassade des Palastes dort hinabgefallen waren.

"Das Haus mit der Heiligen Tribüne" hat eine Balustrade und ist durch zwei Säulen unterteilt.

"Das südöstliche Haus" war sehr sorgfältig gebaut und mit Wandmalereien mit Darstellungen von Lilien geschmückt. Es hat ein vielflügeliges Fenster, eine mit einer Säule gestütze Krypta und einen Sockel für eine Doppelaxt. Dort fand sich auch eine schöne Lampe aus Porphyr. Weiter nördlich von diesem Haus befinden sich Ruinen von Häusern aus der Epoche des Alten Palastes.

Hier endet der Besuch der Baudenkmäler innerhalb des Absperrungsgebietes. Die übrigen hier besprochenen Häuser und Denkmäler befinden sich ausserhalb von diesem.

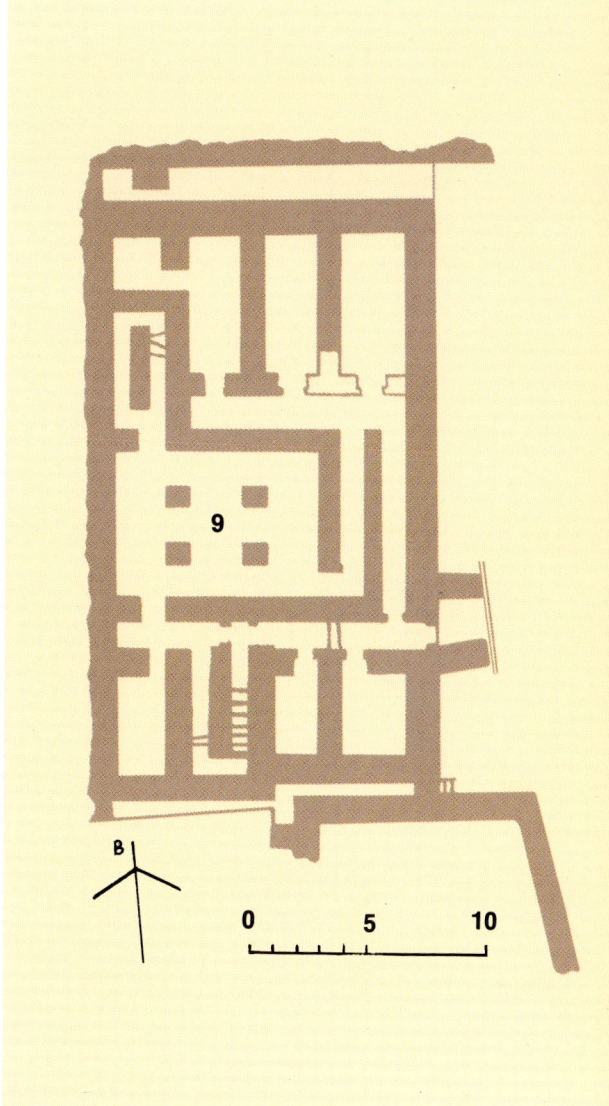

Aufsicht "Unerforschtes Haus"

"DER KLEINE PALAST" und das "UNERFORSCHTE HAUS".

Diese Gebäude befinden sich westlich der Fahrstrasse, kurz vor der Einfahrt in die moderne Siedlung. Der Kleine Palast hat ein Ausmass von ca 1500 m2. Seine Bauweise ist äusserst luxuriös und er weist alle Stilelemente auf, die wir auch beim grossen Palast finden. Sein Osteingang (1) führte zu grossen Empfangsräumen: die Eingangshalle (2), die Säulenhalle (3), den

81

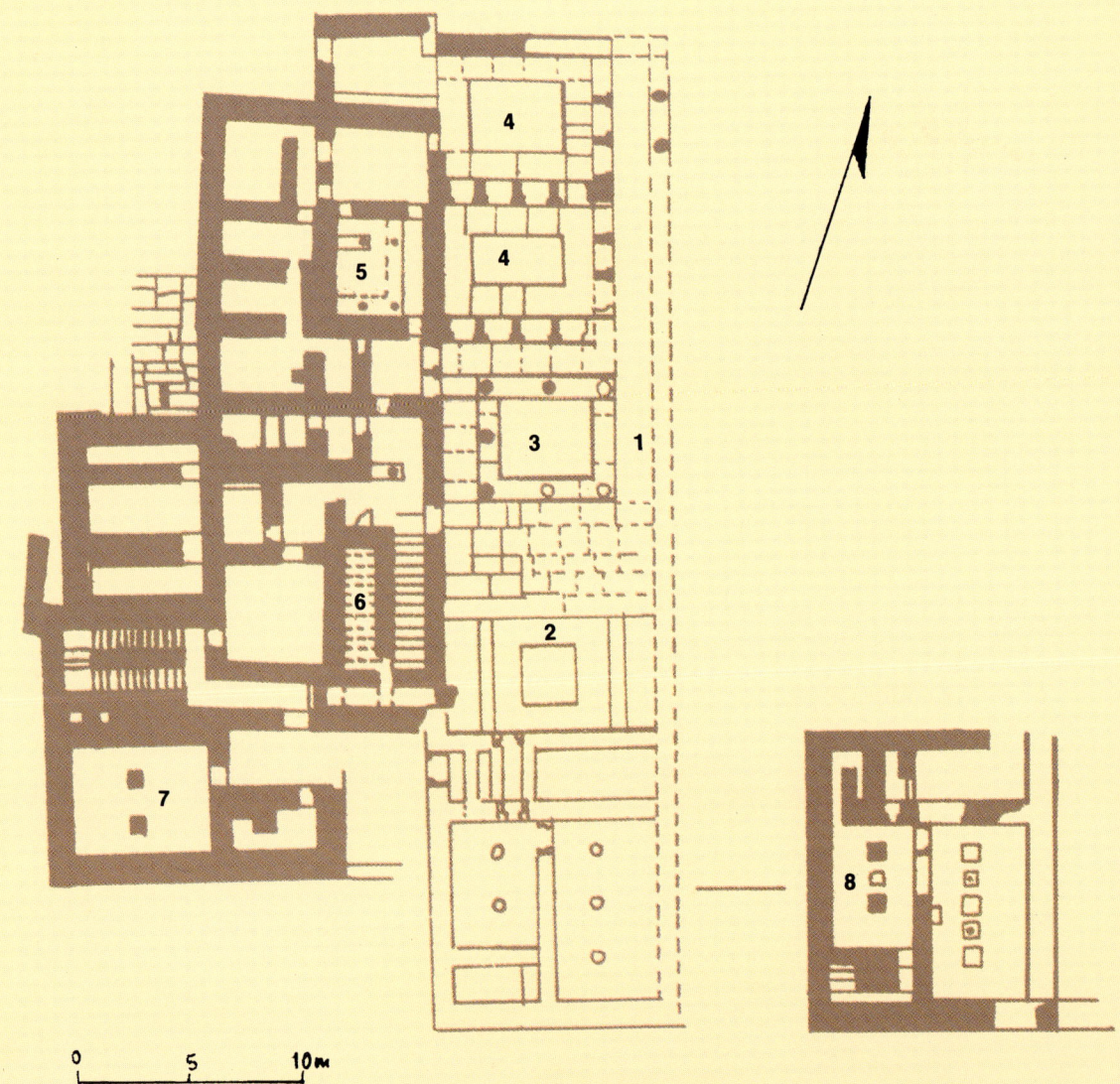

1. Eingang
2. Eingang shalle
3. Peristylssal
4. Megaron
5. Heiligtum
6. Treppe
7-8. Krypten

Doppelsaal mit vielflügeligen Türen (4) und die Stoa im Osten. Es gab auch ein Bassin für Reinigungsbäder, das in der Epoche nach den Palästen in das "Heiligtum mit den Fetischen" ungwandelt wurde (5). Eine grosse Treppenanlage (6) führte ins Obergeschoss. Es gab ausserdem Hypostylkrypten im Keller, unter dem Eingang (8) und in der Südwestecke (7). In einem Depot nahe der südwestlichen Krypta fand man den berühmten Becher aus Steatit in Form eines Stierkopfes.

Eine gepflasterte Strasse und ein kleiner gepflasterter Hof in Westen trennen den "Kleinen Palast" von dem "Unerforschten Megaron" (9) , das erst vor ca 20 Jahren ausgegraben wurde und von dem bis dahin nur seine imposante Westfassade bekannt war. Mit dem Kleinen Palast war es durch eine Brücke verbunden. Es wurde in der zweiten Bauphase des Neuen Palastes erbaut und in der "mykenischen Phase" und auch später wieder verwendet. Sein Grundriss ist rechteckig und es ist aus sorgfältig behauenen Steinen erbaut. Es hat einen Mittelsaal mit vier Säulen, Korridore und eine Treppe, die ins Obergeschoss führt.

KÖNIGLICHE VILLA - DIE KARAWANSEREI- UND DIE HEILIGE QUELLE

Die Königliche Villa liegt nordöstlich des Palastes, und südlich der Siedlung Makrys Tichos. Sie ist am Abhang des Hügels erbaut und hat eine schöne Sicht auf das Tal des Kairatos. Die Bauweise der Villa ist luxuriös und sorgfältig. Man kommt durch eine Vorhalle (1)in das Megaron (2) mit vielflügeligen Türen, einer Nische an der Westseite, die für den Thron (3) bestimmt war, und mit Säulen auf einer Trennwand. Sie hat ausserdem eine Hypostylkrypta mit einem Pfeiler (4) und kleine steinerne Becken für Trankopfer am Boden.

Eine zweiflügelige Treppe führte ins Obergeschoss, wo sich vielleicht auch der Eingang in die Villa befand.

Die Karawanserei befindet sich im Süden, dem Palast gegenüber.

Sie ist mit dem Palast durch ein Viadukt verbunden. Man nimmt an, dass dieses Gebäude für die Aufnahme von Fremden bestimmt war, die von Süden her nach Knossos kamen. In einem heute wiederaufgebauten Raum befand sich die Wandmalerei mit den Rebhühnern (an Ort und Stelle befindet sich eine Reproduktion). Das andere Zimmer war ein Bad.

Westlich der Karawanserei befand sich der Raum mit der Quelle, wo das Wasser der Vlychia-Quelle noch bis vor kurzem hervorsprudelte. Der Raum hatte Bänke für Opfergaben und eine Nische für eine Lampe. Es handelt sich hier um ein interessantes Beispiel für ein "Quellheiligtum".

DAS SÜDLICHE KÖNIGSGRAB

Das südliche Königsgrab ist das am weitesten südlich gelegene Baudenkmal des minoischen Knossos und liegt in einer Entfernung von ca 600 m vom Palast. Seine Bauweise ist perfekt, aus behauenen Porossteinen, wahrlich königlich. Es ist gleichzeitig Grab und Heiligtum und das einzige prähistorische griechische Baudenkmal seiner Art. Das Grab wurde durch die zufällige Auffindung eines goldenen Ringes, des berühmten Ringes des Minoas, der heute verloren ist, entdeckt. Das Grabheiligtum hatte als Eingang einen Vorhof mit Säulenhalle, einen kleinen Vorraum, eine Hypostylkrypta mit zwei Säulen und eine in den Stein gehauene Grabkammer, deren Wände mit Gipsplatten verkleidet waren und in deren Mitte eine Gipssäule stand.

Die Fundstücke lassen auf eine letzte Bestattung in der mykenischen Epoche schliessen. A. Evans nahm an, dass hier der letzte der minoischen Herrscher Kretas bestattet wurde. Eine Treppe führt in das Obergeschoss des Grabmals, das mit Säulen und Doppelhörnern geschmückt war. Dieses Grab gleicht sehr dem Grab, von dem Diodor schreibt, dass es für Minoas in Sizilien errichtet wurde. Auch dieses Grabmal hatte unten die Grabkammer und im Obergeschoss ein Heiligtum.

Aufsicht des Kleinen Palastes

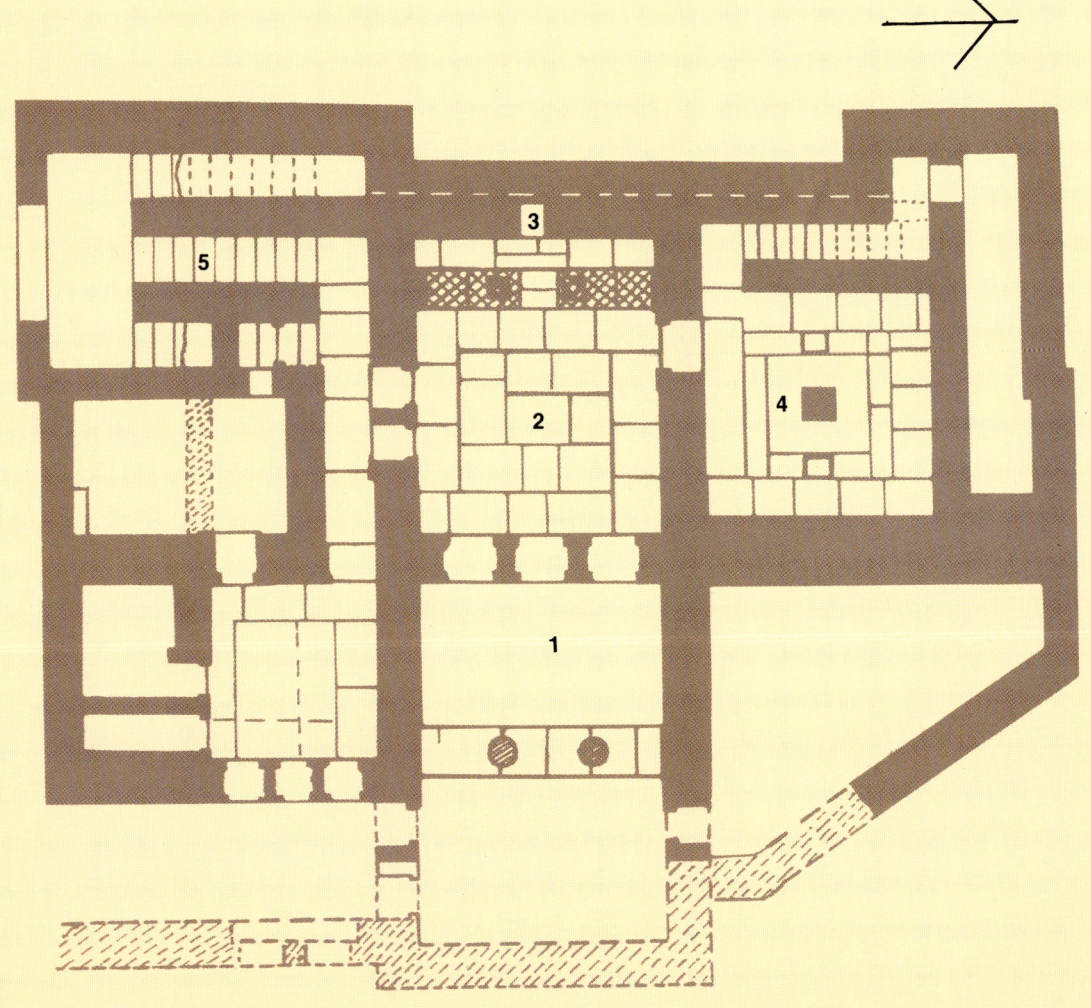

1. Vorraum
2. Megaron
3. Gewölbe
4. Krypta
5. Treppe

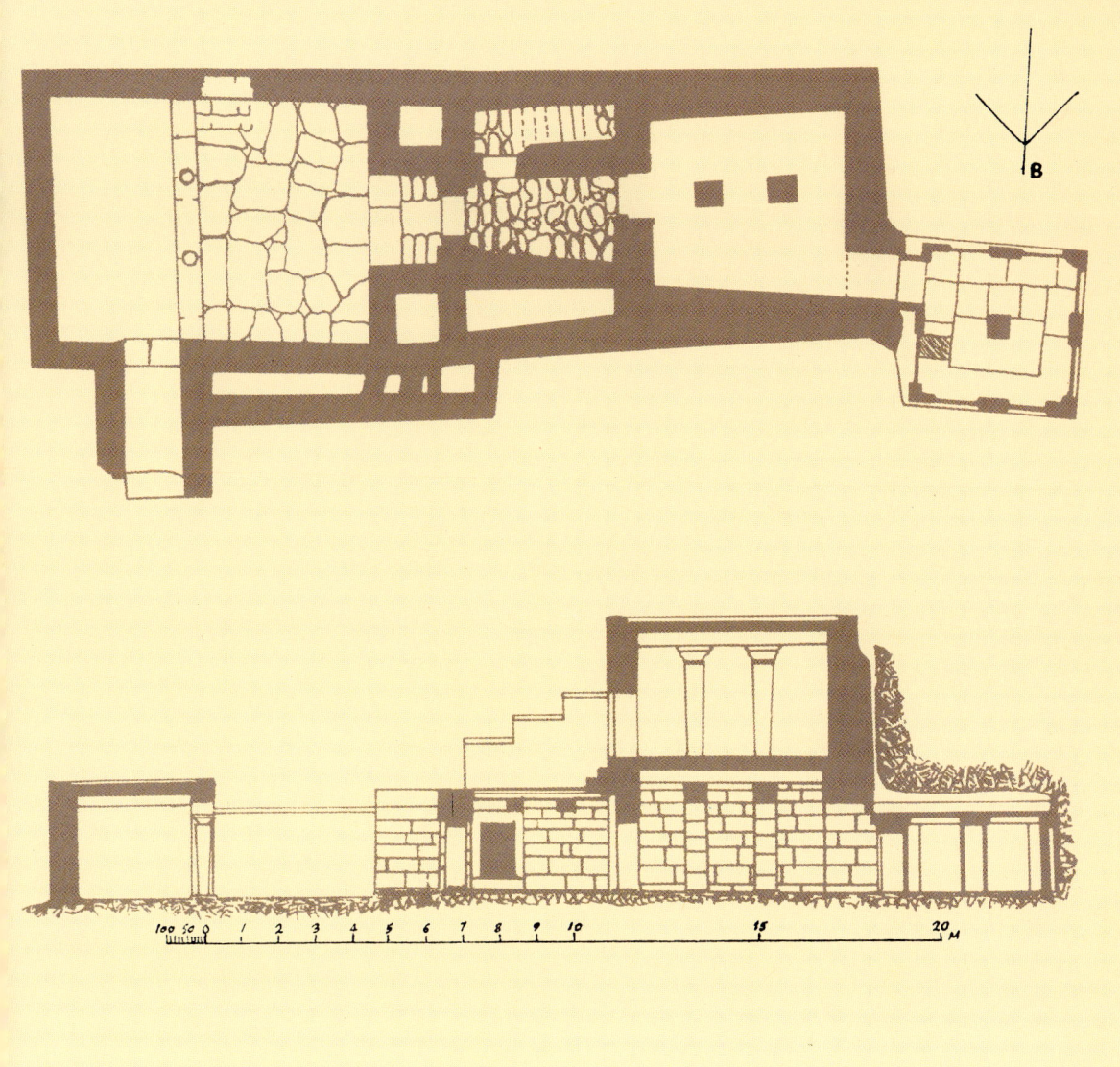

Das südliche Königsrab

Aufsicht der Königlichen Villa

Die Wandmalerei mit den Rebhühnern

Goldenes Schmuckstück aus der archaischen Nekropole "Teke"

Westlich und nördlich des Königsgrabes befinden sich auf dem Gypsades-Hügel die grossen und bedeutenden sogenannten "Häuser von Hogarth", die ihren Namen von dem englischen Archäologen erhielten, der sie zu Beginn des Jahrhunderts ausgrub.

Ebenso bedeutend war auch ein anderes Königsgrab, das berühmte Grab von Isopata, in einer Entfernung von 2,5 km nördlich vom Palast gelegen. Zu dem Grab führte ein Weg aus behauenen Steinen, eine gemauerte Vorhalle und eine rechteckige Halle mit einem aus Steinen gemauerten Gewölbe. Leider ist dieses einzigartige Baudenkmal nicht erhalten, weil es von den Deutschen während des Zweiten Weltkrieges zerstört wurde und die Steine als Baumaterial für einen Bunker verwendet wurden.

DIE VILLA DES DIONYSOS

Von den Denkmälern aus der nachminoischen Epoche sollte man die Villa des Dionysos besuchen, die aus römischer Zeit stammt (2. Jahrh., Zeit des Hadrian). Sie

Darstellung eines heiligen Tanzes auf dem goldenen Ring aus Isopata

Marmorstatue des Gottes Dionysos

befindet sich auf dem Gelände der Villa
Ariadne, 250 m nördlich von ihr. Die Villa
Dionysos bekam ihren Namen von den
wunderbaren Mosaikböden mit Darstellungen des Gottes Dionysos. Die Villa hat
als Zentrum einen Peristylhof mit Säulen
in dorischem Stil.

Westlich davon liegt das Hauptgebäude
und nördlich und südlich liegen die anderen Räume. Alle Räume haben Mosaikböden mit Szenen aus dem Dionysosmythos
und geometrischen Mustern. In der Villa
fand sich auch eine Statue von Kaiser Hadrian (heute im archäologischen Museum
von Iraklio).

DAS MAUSOLEUM AUF DEM GE-
LÄNDE DER UNIVERSITÄT

Aus der gleichen Zeit wie die Villa Diony-
sos stammt auch das einzige erhaltene
Mausoleum. Es befindet sich auf dem Gelände der Universität, nördlich von dieser.
Es handelt sich um einen unterirdischen
Bau aus behauenen Porossteinen. Eine
Treppe führt hinunter zu einem niedrigen
Eingang aus monolithischen Türpfosten
und einem monolithischen Türsturz. Die
Grabkammer ist rechteckig mit drei monolithischen Totenbahren auf steinernen
Füssen. Das Dach des Grabes war ein zy-
linderförmiges Gewölbe. Durch die Fundstücke wird das Grab in das 2. bis 4. Jahrhundert n. Chr. datiert. Es wurde durch
ein Erdbeben im Jahre 365 n. Chr. zerstört.

EPILOG

Hier endet der Besuch der Ausgrabungsstätte von Knossos. Wir hoffen, dass der
Besucher einen Einblick gewonnen hat in
diese erste glänzende griechische Hochkultur. Dieses Bild sollte man mit einem Besuch des archäologischen Museums in Iraklio, wo die Schätze aus den Ausgrabungen
in Knossos ausgestellt sind, vervollständi-
gen.

Marmorstandbild des Kaisers Hadrian

**Darstellung des Palastes
(nach K. Iliakis)**

89

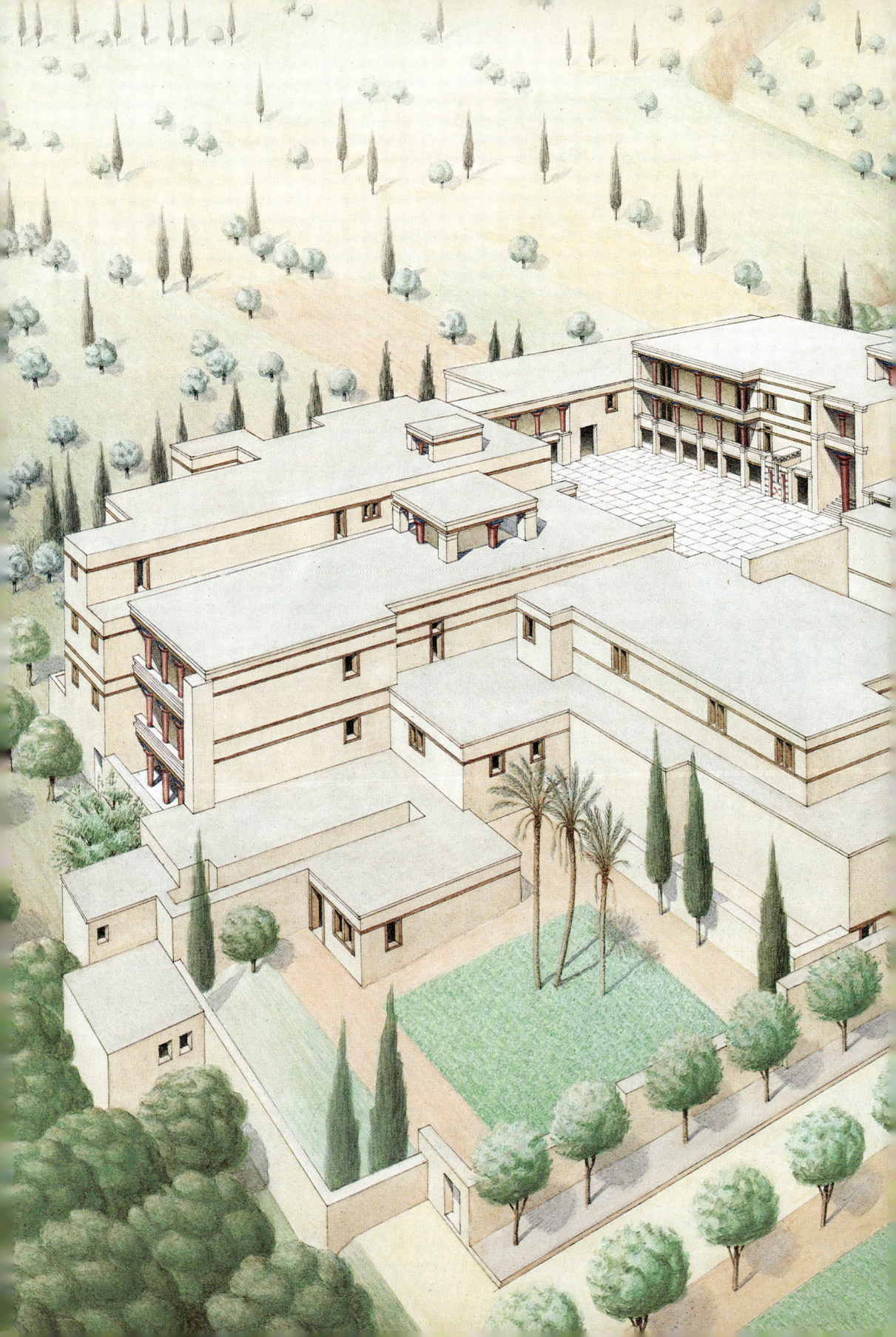

BIBLIOGRAPHIE

Alexiou, St., *Μινωϊκός πολιτισμός, με οδηγό των ανακτόρων: Ανάκτορον Κνωσού*, 131-196 (Iraklio 1964)

Brock J.,*Fortezza: Early Greek Tombs near Knossos* (Cambrige 1957)

Brown a., *Arthur Evans and the Palace of Minos* (Oxford 1983)

Cadogan G., *The palaces of Minoan Crete: Knossos* 50-91, (London and New York 1976

Cadogan G., *"Knossos" in the Aerial Atlas of Ancient Crete* (eds. J. W. Myers - E. E. Myers - G. Cadogan, Berkeley 1992), 127-147

Coldstream J.N., *Knossos: The Sanctuary of Demeter* (London 1973)

Evans A. J., Knossos: *The Palace of Minos at Knossos*, vols. I-IV (London 1921-1935)

Evans J., *Neolithic Knossos: The Growth of a Settlement, Proceedings of the Prehistoric Society* (1971), 95-117.

Graham W.J., *The Palaces of Crete: Knossos*, 23-33, 51-58 and passim (Princeton 1972

Hood M.S., *The Minoans*, 65-72 and passim (London 1971)

The Bronze Age Palace at Knossos (Plan and Sections) (London 1981)
Archaeological Survey of the Knossos Area (London 1981)
Hutchinson, R., *Prehistoric Crete, Knossos*:170-81, 270-9 and passim (Harmondsworth 1962)
Kalokairinos M., *Ανασκαφές στην Κνωσό*, Παλίμψηστον 9/10, παράρτημα, 5-69 (Hg. Κ. Κόπακα)
Krontira L. - Vasilakis A., *Πρώτη Γνωριμία με την Κρήτη του Μίνωα* (Athen 1988)
Michailidis A., *Knossos, A Complete Guide to the Palace of Minos*
Pendlebury J., *A Handbook to the Palace of Minos, Knossos* (London 1954) and in the Greek translation by Nikolaos Platon: *Οδηγός Κνωσσού* (Herakleion 1950)
The Archaeology of Crete, Knossos: passim (London 1939)
Platon N., *Ιστορία του Ελληνικού Εθνους Α: Κνωσός*, 170-9 (Athen 1970)
Popham M., *Minoan Unexplored Mansion* (London 1984)
Powell D., *The villa Ariadne* (London 1973)
Sakellarakis G. and E., *Κρήτη: Ιστορία και Πολιτισμός: Νεολιθική και Μινωϊκή Κρήτη*, 3-130 (Iraklio 1987)
Sanders I., *Roman Crete*, 51-3, 67-70, 105-7, 152-3 and passim (Wilts 1982)
Vasilakis A., *Μινωϊκή Κρήτη, με οδηγό των αρχαιολογικών χώρων: Κνωσός*, 178-190 (Iraklio 1992)
Ventris M. - Chadwick J., *Documents in Mycenean Greek* (Cambridge 1956)
Zois A., *Κρήτη, Εποχή του Λίθου: Κνωσός* 133-174 (Athen 1973)

INDEX

ORTSNAMEN

Ägäisches Meer 19, 23
Ägypten 19, 29, 34
Agia Paraskevi 12, 38
Agia Sofia 39, 38
Agios Ioannis 32
Agios Myronas 38
Akropolis 13, 37
Amnisos 34
Aptera 34
Argos 19
Archanes 12, 29, 23, 39
Athen 13
Boston 63
Bougada Metochi 39
Den Haag 53
Dia 19
Ellinika 37, 39
Europa 19
Fortetsa 39
Gortyna 37
Gypsades 12, 15, 32, 39, 87
Inatos 34
Ikaria 19
Iraklio 13, 17, 32, 43, 89
Isopata 32, 87
Kairatos 12, 13, 32, 83
Kandia 39
Karteros 12
Katsambas 12, 32
Kefala 32
Kefala Tselebi 12
Kounavi 33
Kydonia 34, 36
Kyklades 19
Lato 34
London 13
Lykastos 29
Lyktos 36
Makrys Tichos 38, 39
Minoa 19
Monastiriko Kefali 12
Naxos 19
Paris 13
Phastos 29, 34
Poros 12, 32

Profitis Ilias 12, 38
Ravkos 38
Rom 13
Sitia 34
Sizilien 19, 83
Spilia 37
Syvrita 34
Therron 12
Topanas 39
Trypiti 32
Tylisos 34
Tzafer Papoura 12
Universität 12, 36, 37, 38, 89
Venizelio Krankenhaus 36, 37, 38
Viannos 43
Villa Ariadne 17, 37, 89
Villa Dionysos 37, 43, 87, 89
Vlychia 39

PERSONENNAMEN

Achilles 19
Aiakos 19
Akkale 18
Androgeos 18
Apollonas Delfinios 37
Ariadne 18, 43
Asterios 18
Daedalos 18, 19
Deukalion 18
Demeter 35, 37
Diodoros 87
Dionysos 18, 89
Europa 18, 19
Glaukos 19, 37
Helios 18
Hera 35, 37
Idomeneas 43
Ikaros 19
Kaiaphas 37
Katreas 18
Kokalos 18
Kreta / Nymphe 18
Minoas 18, 19, 36, 43, 53
Minotaurus 18, 19, 36, 43
Oinopion 18
Pasiphae 18, 43

Phaedra   18
Pharao   19
Polyidos   19
Rhadamanthys   18
Rhea   35, 37
Sarpidonas   18
Staphylos   18
Theseus   18
Thoas   18
Xenodike   18
Zeus   18, 37

NEUERE ZEIT
Akoumianakis Man.   17
Alexiou Styl.   17
Coldstream N.   17
De Jong Piet   15
Doll Chr.   15
Doerpfeld W.   13
Evans A.   13, 27, 29, 43, 48, 53
Evans J.   15
Fabricius E.   13
Forsdyke J.   15
Fyfe Th.   15
Gillieron   15
Gough M.   17
Hassoulier   13
Hogarth D.   15
Hood S.   15, 27
Hutchinson R.   15
Joubin M.   13
Kalokairinos Min.   13
Macdonald C.   17
Mackenzie D.   15
Makrogiannakis Man.   17
Newton F.   15
Payne H.   15
Pendlebury J.   15
Petrakis Petr.   17
Platon Nikol.   17, 27
Popham M.   17
Sackett H.   17
Schliemann H.   13
Stillman W.   13
Vasilakis Sp.   17
Wace A.   15
Warren P.   17
Xanthoudidis Stef.   37
Zidianiakis Ant.   17

Satz: Argyris Vavouris
Montage: M. Pentaris - G. Koulepakis
Druck: Epikoinonia GmbH
Einbandgestaltung: G. Iliopoulos, G. Moutsis